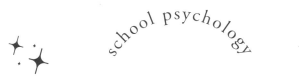

school psychology

シリーズ●学校心理学プラクティス②

認知行動療法のストラテジー

行動修正法・行動形成法・認知再構成法・おまじない法

中村恵子 著
Nakamura Keiko

ナカニシヤ出版

はじめに

　筆者は，3人兄姉の3番目に生まれ，生後まもなくから子供のいない親戚の一人娘として育ちました。家制度を受け継ぐ戦前生まれの母にとって，子供ができない残酷な宿命は耐え難い屈辱で，もらい受けた子はなんとしても非の打ち所がない娘に育てようと莫大なエネルギーを注いでくれました。ところが，思春期を迎えた筆者には母の分身としての人生は受け入れ難く，母が望む進路をことごとく回避して逃亡を企てました。

　逃亡先の東北福祉大学で，筆者は恩師である故板橋登美先生に出会いました。板橋先生は，終戦で台湾から引き上げ，郷里の広島でGHQオーストラリア軍の秘書を務めておられました。広島の惨状に「日本には福祉が必要だから，あなたが学んで日本を復興しなさい」と，指揮官から推され，マッカーサー宛の推薦状を携えた板橋先生は，給費留学生としてコロンビア大学大学院で児童ケースワークを学び，宮城県に赴任して児童相談所の開設に尽力されました。

　筆者は，1980年代に板橋先生のゼミで子供臨床を学び，大学院進学を決意しました。板橋先生は，進学に反対する両親を何度も電話で説得し，大学院入学の傍ら病院臨床に就いた筆者に週に一度，1時間半から2時間のスーパービジョンを施し，相談面接の基礎を授けてくださいました。

　留学生だった板橋先生が，1950年当時の診断主義ケースワークの臨床実習でハミルトンとホリスから施されたという精神分析と来談者中心療法でのスーパービジョンが筆者のために行われました。それは，面接での会話を記憶から逐語記録に起こし，一言一句に対して「なぜこの質問をしたのですか」と問いかけられるものでした。カウンセラーの質問に対する答えとしてクライエントが問題状況を語るので，質問の振り出し方は面接技法そのものでもあるのです。

　しかし，3年余のスーパービジョンを受けながら，筆者は精神分析でのアセスメントが必ずしも問題解決とつながらないことにジレンマを抱いていました。不適応状態の打開を求めてやってくるクライエントに問題解決を提供できないことで，相談職としての存在価値を見出せなくなった筆者は，結婚退職を選択しました。それは，母の望む選択でもありましたが，板橋先生は深く失望し，筆者は破門されました。

　それから約10年，専業主婦を経て筆者はスクールカウンセラーとして相談職に復職しました。その背後には認知行動療法との出会いがあり，先達の書に学んだ技法の問題解決力に賭けてみようと考えたゆえの復職でもありました。技法の開発者たちは，精神分析の限界を突破して，不可能を可能に転換させていたのです。復職した筆者は，現役の支援職だけを対象に受験資格が付与される筑波大学大学院のカウンセリングコースを目指し，行動療法の田上不二夫先生の門を叩きました。

　問題解決できるカウンセラーになりたいという筆者の意図に反し，大学院は修士論文作成のための研究指導がメインでした。修士論文のための研究ができない状態なのであれば，事例のスーパービジョンなど望みようもありません。そのため，筆者はやむなく必死で研究し，かつスーパービジョンを求めました。田上先生は，「金塾」という臨床研究会を主催し，門下生に発表機会を与えてご指導くださいます。2004年の入門以来，いまなお続くこの研究会をどれほど頼りにさせていただいたことでしょう。金塾に集う田上ファミリーの皆さまには，いつの機会にもシャープで的確なご助言をいただき，これが筆者の事例の膠着状態を打破し続けてくれました。

　また筆者は，田上先生の退官後，小玉正博先生の下で博士論文を作成しました。そして，小玉先生の推薦を得て行政の子供支援臨床のスーパーバイザーを務め，統括スーパーバイザーとしての小玉先

生に難事例のスーパービジョンを受けるという貴重な役割を7年間も担わせていただきました。

さらに，卓越した心理臨床家である福島県立医科大学名誉教授の志賀令明先生からも，多くのご知見を授けていただきました。

スーパービジョンを求めること自体が難しい日本の相談臨床の中にあって，筆者が実践の当初から傑出したスーパーバイザーに恵まれ続けてきたことは，我ながら奇跡のようにも思われます。筆者とカウンセリングを結びつけてくれた糸の始まりは母との葛藤にあったので，現世ではすれ違った亡母のあり余る愛情が筆者の運命を開いてくれたのかもしれません。筆者を育ててくださった恩師と，クライエントの皆さま，協働支援者の皆さま，そして筆者自身の4人の両親と家族に深く感謝を捧げます。

さて，2017年に心理職の国家資格制度から公認心理師が誕生しました。最初の5年間は経過措置として，相談経験が5年以上あって講習会を受講すれば受験資格が得られました。こうして試験に合格した公認心理師はさまざまな経歴の持ち主で，受験勉強で初めて系統的に心理学を学んだ人も決して少なくありません。そして，有資格者として相談職となった方々は，真剣に問題解決のための方法論を求めていました。

問題解決技法に飢えていたかつての筆者さながらに，カウンセリングの方法論を真摯に求める公認心理師やその卵の方々との出会いが本著を生み出す原動力となりました。筆者自身の面接をモチーフに用い，仮にスーパーバイザーに巡り会えない場合でも，スーパービジョンの費用の1回分よりも廉価に面接技法を独習できる本の発刊を目指しました。

本著を書き上げてみて，恩師から授けられた方法論のエッセンスは，筆者というフィルターを通して薄まり，報恩に値するほど十分な面接技法をお届けできないことを申し訳なく思います。また，本著は認知行動療法の理論や技法の網羅にはほど遠く，特に第3世代と称される新しいウエーブの紹介にはいたっておりません。本著では，筆者自身が学校臨床の相談場面で使い勝手が良く，繰り返し活用している技法を選抜して紹介させていただきました。また，拙著の刊行では編集者との出会いにも恵まれました。日本カウンセリング学会2007年沖縄大会の出版社ブースでお目にかかった宍倉由高氏が，2009年初出の『学校カウンセリング（第3版2021）』，『別室登校法（2022）』と本著の編集を一貫して手掛けてくださいました。半世紀にわたり日本の出版界を支え続けた宍倉氏に編集いただく光栄に浴したことは，天から与えられた僥倖でした。

なお，本著のイラストとジャケット図版は娘の燿子が担いました。

最後に，本著で扱った事例は，複数の事例を組み合わせ，編集を施したフィクションであることを付記いたします。掲載をご快諾いただいた事例モデルの皆さまに衷心から感謝を申し上げます。

カウンセリングは，神経症の治療を志したフロイトに始まり，さまざまな先達の手によって発展を遂げた応用科学です。創成期の功績者の多くが迫害対象のユダヤ人であったことは決して偶然ではありません。人間の挫折と心の病理を扱うカウンセリングは，クライエントの心の闇と向き合い，病理との格闘に挑み続けた研究者が，その深淵の闇の中から導き出した一条の光でもあるのです。カウンセリングを科学として発展させてきた先達に心から尊敬と感謝を捧げます。

本著が問題解決を志す支援職の皆さまの一助となることを願ってやみません。

2023年5月

中村　恵子

目　　次

はじめに　　i

第1章　カウンセリング理論を創り出した天才たち　　1

1. 精神分析の誕生と発展　　1
2. 人間性心理学の潮流　　7

第2章　行動主義と認知革命による認知行動療法の発展　　12

1. 行動主義心理学の誕生と発展　　12
2. 認知療法の誕生と発展　　18
3. 認知行動療法の誕生と発展　　22

第3章　心理学革命とカウンセリング理論の発展　　25

1. 不登校に対するカウンセリング理論　　25
2. グループ・ソーシャライゼーション・セオリー：20世紀最後の心理学革命　　27
3. カウンセリングのプロセス研究　　29

第4章　認知行動療法のアセスメントとケースフォーミュレーション　　32

1. 行動のアセスメント：機能分析と問題行動　　32
2. 認知のアセスメント：スキーマ分析と問題行動　　33
3. BPS（生物心理社会モデル）フォーミュレーションを用いた概念化　　34
4. アセスメント・支援方針策定とケースフォーミュレーション　　36

第5章　行動修正法　刺激の操作と分化強化　　38

1. 学習とは行動に変容が起きること：学習の強化と弱化　　38
2. 刺激の操作と行動の修正　　39
3. 分化強化（Differential Reinforcement：DR）と行動の修正　　40
4. 小学校の授業場面での活用例　　40
5. 問題行動を強化している刺激は何か　　41
6. 分化強化：代替行動の強化と問題行動の弱化　　42
7. 問題行動の背景にADHDが予測された場合　　43
8. 問題行動を悪化させる分化強化の誤った使い方：発達障害が予測される場合　　44
9. 強化対象の適応行動を提示せずに問題行動を消去しようとした場合　　45

第6章 行動形成法 シェイピングと課題分析　47

1. シェイピングと課題分析　47
2. 自室にひきこもる男子生徒の母親からの相談依頼　48
3. 初回面接：抵抗の強い生徒との関係形成　49
4. 第2回面接：目標設定と課題分析・行動スケジュールの策定　50
5. 第3回面接：スモールステップでの行動の拡大　52
6. 第4回面接：状況に応じた課題分析の更新　53
7. 第5回面接：行動形成の成功と自己効力感獲得による自己開示　55
8. アセスメントとケースフォーミュレーション　58
9. 第6回面接：家族関係の回復と登校の拡大　59
10. 2学期以降の登校と私立高校合格　60
11. シェイピングでの行動形成支援の秘訣　62
12. リフレイミングと認知の再構成　62
13. 本事例を一般化するのは危険です　63

第7章 認知再構成法による行動修正　64

1. 認知再構成法　64
2. 抜毛症に悩む大学生とのインテーク面接　65
3. 抜毛症の潜伏と過剰適応　66
4. アセスメントとケースフォーミュレーション　68
5. 過剰適応の背後のアバターとスキーマとの直面　70
6. 認知再構成のための課題　71
7. 2週間後の第2回面接　72
8. フォローアップ　73
9. 抜毛症に対する支援技法の選択　73
10. 本事例での支援技法：認知再構成法の選択　73
11. 認知再構成法＋主張形成法＋集団社会化療法の選択と効果　74
12. 本事例を一般化するのは危険です　75

第8章 拮抗制止法とおまじない法　76

1. 田上（1984）の高所恐怖の小学生に対する行動療法　76
2. 田上（1983）の動物恐怖セラピー　77
3. プレイセラピーで田上がデザインした拮抗制止法　77
4. カウンセリングでの不安・恐怖の拮抗制止　79
5. 睡眠時遊行症の女児へのおまじない法　84
6. 受験不安の生徒へのおまじない法　92

引用文献　101
索　引　105

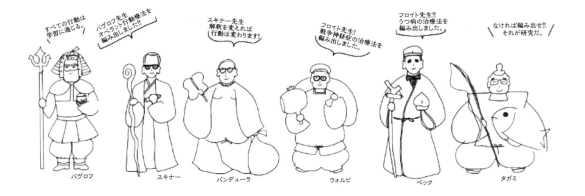

すべての行動は
学習に通じる。

パヴロフ先生
オペラント行動療法を
編み出しました!!

スキナー先生
解釈を変えれば
行動は変わります!

フロイト先生!
戦争神経症の治療法を
編み出しました。

フロイト先生!!
うつ病の治療法を
編み出しました。

なければ編み出せ!!
それが研究だ。

パヴロフ　　スキナー　　バンデューラ　　ウォルピ　　ベック　　タガミ

カウンセリング理論を
創り出した天才たち

第1章

1　精神分析の誕生と発展

[1] フロイトによるトーキング・キュアという革命

　精神医学は，1856年にその幕が開いたと言っても過言ではありません。ベルリンとウィーンで，クレペリン（Emil Kraepelin）とフロイト（Sigmund Freud）という二人の天才が同年に誕生したのです。二人は，それぞれライプツィヒ大学とウィーン大学で医学を学び，精神科医として新しい時代を切り拓きました。

　クレペリンは，22歳の若さで医学博士となり，30歳で精神医学の教授（ドルパート大学：34歳でハイデルベルク大学教授）に抜擢されたドイツ医学界の超エリートでした。クレペリンの出現まで，精神の異常は「精神病」という一括りの粗い分類しかなく，それは神に見放され，悪魔が乗り移った病として侮蔑の対象でした。しかしクレペリンは，詳細な経過観察から，その病態を早発性痴呆（統合失調症）や躁鬱病，精神遅滞など13グループに分類しました。そして精神病を脳の内部に異常を呈する内因性疾患ととらえ，精神医学の教科書を刷新したのです。この業績によって，精神病は，悪魔に取り憑かれた侮蔑の対象から脳疾患として治療と研究の対象に変化を遂げました。

　一方，フロイトもまたドイツ語圏ヨーロッパ最古の伝統を誇るウィーン大学医学部に，17歳にして飛び級で入学したオーストリアの秀才でした。しかし，19世紀のヨーロッパでの人種差別は厳しく，ユダヤ人であるフロイトは，希望する脳外科や内科などへの入局をことごとく断られ，欠員の多い精神科しか選択することがかないませんでした。キリストに背くユダヤ教徒は，神に見放され，悪魔が取り憑く呪われた病を学ぶのがふさわしいというのです。

　不本意な精神科の医局選択に絶望しながら臨床医を始めた優秀なフロイトは，29歳でパリ大学の精神医学教室に留学するチャンスをつかみました。指導教授のシャルコー（Jean-Martin Charcot）は，ヒステリーに対する催眠治療の世界的な権威でした。ヒステリーとは「子宮」を意味するギリシャ語で，子宮の器質的な異常が過剰な緊張を引き起こし，身体硬直や過呼吸などのヒステリー症状を発現させると考えられていました。そのため，催眠術で意識の呪縛を解放して緊張を解き，自らその原因を語ることで，子宮は緊張を緩め，症状は改善されるという治療法が考案されました。

　ところが，男性のヒステリー患者が訪れ，子宮ではなく心因性の問題が身体の異常を引き起こしているのではないかとシャルコーが仮説の転換を始めた，まさにその時に留学生のフロイトが入門したのでした。フロイトは奮い立ちました。解剖学では解明できない人間の病の深淵との出会いの可能性は，脳外科でも内科でもなく，選択の余地なく与えられた精神科に運命的に所在していたのです。

　帰国したフロイトは，精神科医として開業しながらヒステリー研究を始め，精力的に症例を発表しました。この一連の症例研究によって，ヒステリーなどの神経症は，心理的外傷による外因性の

精神疾患であり，自らの悩みを語り，抑圧から解放されることで神経症の重症度が低下することが報告されました。催眠を用いず，直接意識にはたらきかけるその治療法は「トーキング・キュア（談話療法）」と命名されました。それは，器質的な原因の究明とそれに対する薬理療法によって発展してきた医学界の革命と呼ばれました。

　初期のフロイトは，神経症の前提条件として性的虐待を説きましたが，40歳で経験した父との死別体験の自己分析から，エディプスコンプレックス理論が創設されました。思春期以降の心身のバランスの崩れは，幼児期の異性の親への性的欲望にさかのぼり，無意識の中で抑圧されていた体験が意識化されると治癒への道が開かれるというものです。

　意識，無意識，思い出そうとすれば意識化できる前意識，意思をつかさどる自我，意思をコントロールする本能的欲動と理性的な超自我，防衛機制，疾病利得など，フロイトの創造的理論の多くは自己分析から生まれました。

　フロイトの偉業は，「精神病」として十把一絡げに扱われてきた神経症について，そのメカニズムを説明する理論を創り出し，精神分析という治療法を編み出したことでした。催眠と違って無意識ではなく意識にはたらきかけるトーキング・キュアは，自由連想法と命名されました。ウィーンのフロイトの診察室には，その教えを乞う精神科医や研究者が世界中から集まり，「水曜会」という研究会は，やがて精神分析学会へと発展を遂げました（Thornton, 2001）。

[2] アドラーのコンプレックス論と児童相談所の創設

　アドラー（Alfred Adler）は，1870年にウィーンの穀物商のユダヤ人家庭に生まれ，6人兄弟の大家族の中で育ちました。くる病で4歳まで歩けなかったこと，肺炎の昏睡状態の中で自分の死亡が告げられるのを聞いていたこと，弟の病死など，医療に対する怒りから医学部を目指しました。

　卒業後，ユダヤ人が居住する貧困地区で開業したアドラーの診療所には，サーカスで働く軽業師たちが通うようになりました。大道芸人の中には，幼少期は体が弱かったのに，努力してその弱さを克服し，逆に生かしている人が少なくありませんでした。それは，病弱だったアドラー自身の体験とも重なり，コンプレックスとその補償についての理論を創造させました。身体的な弱さへの補償は，すなわち目的に対する力への意志であり，弱い自分への怒りだというものです。

　アドラーは，ウィーン大学の先輩であるフロイトの夢分析に関心を寄せ，精神分析会のコアメンバーとなり，その片腕として嘱望されました。ところが，人格形成の中核として性的発達をとらえるフロイトに対し，目的に対する意志の力をとらえて理論化を進めるアドラーは，次第に噛み合わなさを深めていきました。フロイトは，アドラーを精神分析会の議長に推薦しましたが，むしろそれは会員の反感をかい，1911年にアドラーはフロイトから離反しました。

　その3年後の1914年に勃発した第一次世界大戦で，アドラーはオーストリアの軍医として従軍し，戦争神経症の患者の治療にあたりました。そこでの経験から，個人の適応は，所属する集団に対する共同体感覚が何よりも重要だと説きました。共同体感覚とは集団への帰属感のことで，集団内のコモンセンス（常識）を察知して自分の求められている役割を担い，集団とのギブアンドテイクの関係をつくることで獲得されるというものです。共同体への貢献度が高い人ほど集団との一体感が高まり，集団適応が促進されて好循環が生まれます。しかし，共同体との一体感が獲得されないと集団不適応に陥り，神経症が発症されるというのです。

アドラー

　この理論は，神経症の原因を幼児期の母子関係に求めるフ

ロイトとの溝をますます深めました。同じウィーンにいながら二人の親交は途絶え，精神医学界はフロイト支持のフロイディアンとアドラー支持のアドレリアンに分裂しました。

　ドイツと連盟したオーストリアは，第一次大戦で敗戦し，莫大な戦争賠償金に喘ぎました。ウィーンは，国内の労働者が仕事を求めて人口が急増しましたが，市民の生活は困窮し，その子供たちの教育を保障するための学校制度が急務となりました。アドラーは，ウィーンの教育改革の一翼を担い，世界初の児童相談所を創設し，親や教師に精神医学や心理学の知識を伝え，子供の集団適応を支援しました。

　ところが，ヨーロッパの急激なインフレは，クーデター政権を生み出し，政情はますます不穏になりました。ドイツではヒトラー率いるナチス党が政権を握り，ナチスは戦争責任や社会不安をユダヤ人に責任転嫁して共通の敵をつくり，ドイツ民族の結束を促進するユダヤ撲滅政策を強烈に進めました。この政情を前に，アドラーは1932年にロングアイランド医科大学の医学心理学教授として招聘され，アメリカに渡りました（1935年）。そこでは，大学の附属機関として教育診療所が創設され，アドラーの実践から児童精神科医が世界に飛躍し，児童相談所が世界に普及していきました（A. Adler, 1958）。

[3]　クラインの不登校研究と精神分析アプローチ

　世界で初めて不登校の治療について発表したのは，精神分析医のクライン（Melanie Klein）でした。クラインは，不登校の根源を幼児期の親子関係に求めました。子供たちが登校できないのは，教師や級友，学習など現実的な学校環境への不安によるものとしても，それは表面的な理由に過ぎず，不安の根源は幼児期からの親子関係に潜む敵意やその抑圧にあるというのです。

　また，不登校の急性期と慢性期では症状が異なることを説きました。不登校の症状は，急性期での①学校に対する不安と，欠席が長期化してからの②家庭での攻撃性，③二次的な疾病利得との3要素で構成されるととらえました。

　この鋭い洞察の背景には，息子の不登校に悩んだクライン自身の経験が反映されています。クラインは，1882年にフロイトと同じウィーンで，ユダヤ人医師の娘として生まれ育ち，ウィーン大学医学部に学びました。そして，1903年に21歳で科学技術者の従兄弟と結婚し，主婦として三児の母となりました。医学部を卒業しながらも専業主婦となっていることは，戦前のヨーロッパ社会での中産階級以上の女性の当然の選択といえました。封建的な状況の残った社会では，夫婦共働きなどというのは貧困層の必然的な選択でしかありませんでした。とりわけ当時は，大学を出たというだけで少数のエリート層の一員でしたから，そのような才人が妻を外で働かせるなど，ありえないことだったのです。

　医学部を卒業しながら，因習に従い専業主婦となったクラインは，22歳で女児を授かりました。しかし，2人目の子を妊娠したクラインはうつ症状に悩み，3回目の妊娠ではさらにひどいうつ症状となって，フロイトの弟子の精神分析医の治療を受けました。

　そのうつ治療は，32歳のクラインと精神分析療法との運命的な出会いでもありました。主婦だったクラインは，水を得た魚のように精神分析理論を吸収しました。それは，かつて諦めた医学の道そのものだったのです。精神分析は，我が子にも応用可能で，子供の遊びやお絵描きにもその深層心理は投影されていることが見てとれ，クラインはその解釈を自分の主治医に報告しました。精神分析を子供との遊びの中に応用する類い稀な創造性は，フロイトの耳にも届きました。遊びを媒介に子供の分析治療を行い，プレイセラピーという新しい治療法を開発したクラインは，1919年に37歳でウィーン精神分析会議に迎えられました。クラインにとって，プレイセラピーの開発は，主婦であってしかも患者という立場から，精神分析医で研究者という立場への人生の転換を意味し

ていました。

　こうして良妻賢母の枠を打破したクラインの活躍は、クライン自身をうつ病から決別させましたが、結婚生活には暗い陰を落しました。夫は、クラインを主婦に戻そうと必死でしたが、クラインのプレイセラピーへの没頭や、精神医学界からの脚光は、その夫の思いを凌駕するものでした。

　42歳で離婚したクラインは、イギリスの資産家一家の治療を請われて1925年にロンドンに移住し、その後英国精神分析協会の立ち上げに尽力しました。ユダヤ人であるクラインが子供を連れてイギリスに移住した背景には、第一次大戦以来ファシズムを強めるナチスのユダヤ撲滅政策が迫っており、移住は、経済的にも政治的にも家族を守る手段でした。しかし、クラインが夫と離婚してベルリンからロンドンに移住した時、11歳だった末息子は急激な環境の変化に耐えられず、登校できなくなりました。そして、これがクラインの学校嫌い研究の端緒となり、「不登校」を研究対象へと深化させる原動力となったのです（Phyllis, 1986）。

［4］ 精神分析医としてのボウルビィの愛着研究

　ロンドンでクラインに師事し、そのスーパービジョン（SV）を受けていた精神分析医の中にボウルビィ（John Bowlby）がいました。しかし、やがてクラインと決別して子供の愛着研究を始めたボウルビィは、最終的に精神分析からも離反しました。クラインからの離反は、症例に対する考え方の違いが原因でした。クラインにSVを求めたケースで、ボウルビィは、子供の適応不全の背景にその母親の精神疾患を予測していました。ところが、クライン（1964）の対象関係論では、不安や葛藤の中核として注目されるのは、子供自身が内包している親イメージで、現実の親の問題には特段の関心が払われません。精神分析理論では、子供の内側に潜伏する怖れや敵意こそ不安の根源であるとして、親イメージの浄化が治療となるのです。

　これに対しボウルビィは、養育環境とは、子供の内側で主観的につくられる心的イメージではなく、現実世界での親子関係そのものだと反論し、双方の主張は平行線をたどりました。ボウルビィの主張の背景には、第二次世界大戦での戦災孤児の研究がありました。現実の戦災孤児たちは、親の喪失という壮絶な体験に直面しており、その心身に及ぼす影響の深刻さは、子供の内面で形成されるイメージの歪みなどと比べものにはなりません。それなのに、現実の養育環境より子供の内的な親イメージだけを問題にするクラインに、ボウルビィは信頼を寄せることができなくなってしまいました。

　一方、1938年のイギリス亡命の翌年、フロイトを看取ったアンナ・フロイト（Anna Freud, 1943）は、アメリカの資金提供を受けて戦時下で保育所を運営し、子供ケア研究を始めました。他方、アメリカではスピッツ（René Spitz, 1945）が戦災孤児を対象にした施設でのホスピタリズム研究を行っていました。赤ちゃんが泣いて不快を訴えた時、欲求を満たしてくれる養育者に対する信頼感が得られないと、その子供は情緒的な安定（基本的信頼）が得られず、長期にわたり心身の健康を損なうことが精神分析学会で発表されました。

　このような研究の蓄積によって、英国精神分析協会では、子供時代の心理的外傷体験研究を基に現実的な環境を重視するアンナ・フロイト学派と、内的な親イメージを重視するクライン学派との対立が深まっていきました。ボウルビィは、アンナ・フロイト学派に傾倒し、その影響下で、乳幼児期に適切なマザリング（母性的養育行動）が得られないと、それ以降の情緒的発達が妨げられるという母性剥奪論（maternal deprivation）の基盤を固めました。

［5］ 本能的行動としての愛着

　1945年に第二次大戦が終結すると、世界中に戦災孤児が溢れ、世界保健機関（WHO）では児

童の健全発達が研究課題となりました。1950 年に WHO の研究委託を受けたボウルビィは，ヨーロッパとアメリカでの大規模調査を計画しました。

その調査対象の中に，アメリカでハーロウ（Harry F. Harlow, 1950）が行ったアカゲザルの実験研究がありました。それは，母親から引き離して子供だけで育った赤ちゃんザルと，群れから引き離して母親だけで育った赤ちゃんザルとの比較実験でした。母親から引き離された子ザルには，針金製と布製の二体の代理母が与えられました。子ザルたちは，例外なく柔らかい布製の方を選択してしがみつき，布製母が活動の拠点になりました。ゴツゴツした針金の母にだけ哺乳瓶を巻きつけ，布製母には哺乳の機能をなくしてみると，ミルクを飲む時だけ針金製母のところに行き，飲み終えると布製母のところに戻ってしがみつき，子ザルたちの拠点はやはり布製母でした。

哺乳機能がある針金製母ではなく，哺乳機能のない布製母にこぞってしがみつく赤ちゃんザルを目の当たりにしたボウルビィは，その愛着行動が単純な学習理論や精神分析理論で説明されるものでなく，もっと根源的で人間のコントロールを超えた情動なのではないかと直感しました。学習理論にあてはめれば，針金製母がミルクという快刺激を与えてくれることを学習し，そちらを選ぶはずなのです。精神分析の理論にあてはめるなら，泣いて不快を訴えても何もしてくれない親に心理的外傷を与えられた子供は，親への敵意を内在させるはずでした。しかし，子ザルたちは，ミルクも何も与えてくれない布製母にしがみつき，これを拠点に活動を広げているのです。子ザルたちを布製母にしがみつかせる原動力は，これまでの心理学では説明のできない生物としての根源的なものに感じられました。

ボウルビィは，動物や昆虫の行動観察から，生命体の生態や学習を探求する行動生物学に知見を求めました。ローレンツ（Konrad Lorentz, 1949）は，ガンの雛が，卵から孵化して初めて見た生き物を養育者としてインプリンティング（刷り込み学習）し，それがガンではなく白鳥でもアヒルでも人間でも，巣立ちまで密着して後追いを続ける生態を発見していました。ボウルビィは，それは鳥にとっての愛着（attachment）だと直感しました。

人間の愛着もまた，種族保存のための本能的行動であるという愛着理論が発表されました（Bowlby, 1951, 1969）。子供の心の発達には，特定の養育者からの母性的関わりが必要で，幼児が成長して母子分離するためには，活動の拠点となる「安全基地（secure base）」として，葛藤場面での不安を払拭する養育者の存在が不可欠だというのです。乳幼児期の養育環境の安定度は，その人格的発達に大きな影響を及ぼします。このボウルビィの愛着理論は世界の子供臨床を席巻していた精神分析を凌駕し，その後の臨床心理学の理論に絶大な影響を与えました。

学校臨床においても，愛着理論は熱烈な歓迎を受け，学校を恐れる school phobia（学校恐怖症）は，一見学校との関係のようでありながら，問題の本質は母親からの分離不安にあるという文脈でとらえられるようになりました（Wallinga, 1959）。この解釈は school phobia の提唱者であるジョンソン（Johnson, 1957）によっても支持され，不登校はますます親子関係との関係から論じられるようになりました。

[6] エリクソンによる発達課題理論と自我心理学の誕生

エリクソン（Erik H. Erikson）は，1902 年にドイツで誕生しました。エリクソンの母は，デンマークでも有数のユダヤ人実業家の娘であったため，ユダヤ人の実業家に嫁ぎました。しかし，妊娠がわかると婚家から離れてドイツに逃れ，青い目で金髪の息子を出産しました。それは，純粋なユダヤ人の子供にはありえない風貌で，父親がヨーロッパ民族であることが一目瞭然でした。

ユダヤ人は，中東のイスラエルに始祖をもち，アレクサンダー大王率いるギリシャ軍に領土を奪われた紀元前の時代から，赤毛でずんぐりした風貌をギリシャ神話の「牧羊神パーン」と揶揄され，

容姿でも差別を受けてきた民族だったのです。

　エリクソンの母は，実家の支援でドイツの看護学校に通いました。そして，エリクソンが3歳のときにエリクソンの主治医だったユダヤ人の小児科医と再婚し，再婚相手を父だと教えて育てました。しかし，エリクソンは金髪碧眼で長身の美しい青年に育ち，その容姿があまりにもユダヤ人夫婦の両親とも弟妹ともかけ離れていたため，ユダヤ人コミュニティからも，ドイツ人コミュニティからも異邦人と誹謗中傷され，自らの存在起源の不確かさに苦悩しました。

　エリクソンは，「自分はどこからやってきて，人生のどこに向かおうとしている何ものであるのか」という自問自答で思春期を過ごしました。それは，エリクソン自身の出自だけでなく，祖国を追われた移民としてのルーツを問うものでもありました。その国にルーツを持たない異民族は，同質集団の共同体からはじかれ，孤立と誹謗中傷を余儀なくされる宿命にありました。

　高校生の息子に，父は医学部進学を望みましたが，勉強に身が入らないエリクソンは美術学校に入学して中退し，親友と二人で放浪の旅に出てヨーロッパをさまよいました。エリクソンの相棒だった親友の実家は，ウィーンで学校を経営しており，その顧問をアンナ・フロイトが担っていました。エリクソンは，そこでアルバイトの美術講師を勤め，その個別指導で見せた深い生徒理解に，アンナ・フロイトはフロイトの精神分析学校に誘いました。

　精神分析学校に入学したエリクソンは，めきめきと頭角を現し，6年後の1933年にフロイトから精神分析医の称号を与えられました。それは，フロイトが授与した最初の称号で，その年，ナチスのユダヤ狩りを避けて妻子と渡米したエリクソンは，フロイトに代わるアメリカ初の精神分析家としてハーバード大学医学部に迎えられました。大学教育を受けずに研究職に就いた世界初の大学教授でもありました。

　エリクソンは，自分自身と4人の子供を分析対象にして子供の適応について研究しました。ボウルビィの理論のように幼児期の親子関係が子供の土台となるのなら，物心ともに恵まれた開業医の息子として育ったエリクソンが，思春期に実存の危機に陥ったのはなぜだったのでしょうか。

　エリクソンは，発達段階ごとにその人に影響する主要な人間関係の対象が変化することに着目しました。乳児期では母親とのマザリング，幼児期では両親や兄弟などの家族，学童期では遊び仲間，青年期では親友，成人期以降は職場の同僚や配偶者が各段階での適応に大きな影響を与えます。影響するのは決して親だけではありません。そして，その人的環境と連動して，発達段階ごとに人間としての成長課題があるのではないかとエリクソンは考えました。

　各段階での適応が良好であるほど次の段階に有利に進み，どこかのプロセスでつまずいてしまうと，たやすく次の段階に進めません。各段階でめぐり合う人的環境が，その人の適応に好影響を与えたり，悪影響を与えたりして重要な役割を果たしているのです。

　エリクソンは，乳児期の課題としてボウルビィの愛着理論を援用しました。そして，かつて自身が見舞われた思春期の危機は，未来をつくる職業選択期に，自分自身の過去・現在・未来をつなぐ同一性（アイデンティティ）を見出せなかったからだと思い至り，それを自我同一性と命名しました。それは，エリクソン自身の思春期の深いさまよいが構想させた理論でした。そして，エホバ神に選ばれた民族であったはずが，キリストを十字架にかけた罪で祖国を奪われ，時代という政治環境に翻弄されてルーツを否定され続けたユダヤ人ゆえに結実した理論ともいえました。

　0〜1.5歳の乳児は，十分な愛着が得られないと基本的信頼を獲得することができず，他者との関係を築く基礎を培うことができません。

　1.5〜3歳の幼児は，躾を通して自律性（自己コントロール）を身につけ，社会の中で生きていく基礎を築きます。3〜5歳の幼児は，母子分離を達成して探索行動を広げ，自主性が育まれます。そして，その延長に学校生活が存在しているのです。

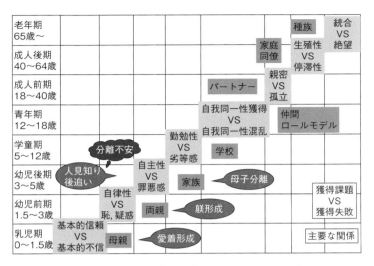

図 1-1　エリクソンの発達課題（Erikson, 1963, 1980, 1997）

　5 ～ 12 歳の学齢期の子供は，学校での集団生活を通して社会性と勤勉性を身につけます。義務教育開始年齢である 6 歳からは，家族よりも仲間の方が子供の成長に大きな影響を与えるようになり，子供の内的世界の中で親と仲間の重要度が逆転します。

　12 ～ 18 歳の青年期では，親からの独立を前提にした人生の目標を決定します。この目標の決定ができないと，アイデンティティが定まらず，混乱したモラトリアム（アイデンティティを見つけるまでの猶予期間）のままさまようことになるのです。

　18 ～ 40 歳の成人期の獲得テーマは愛で，生涯にわたるパートナーを見つけ，家族をつくります。成人期の第 2 段階は 40 ～ 65 歳の間に起こり，これまで担ってきた社会的な役割を再評価し，世代交代を前提にした次世代の育成を行います。65 歳以降は，人生の最終章で，引退を含めたこれまでの人生を受容します。それは，死の受容にもつながり，人生全体を受容できた人だけに安らかな終末期が訪れるというものです。

　エリクソン（1963, 1980, 1997; 図 1-1）の発達課題理論は，その晩年に息子との共同研究で進化を遂げました。発達段階の通過点に過ぎない幼児期の親子関係に焦点化する精神分析とは異なり，人生全体を発達プロセスとしてとらえるもので，自我心理学と命名されて新しい心理学の時代を拓きました。母子関係にはたらきかける精神分析から，その人自身の意思にはたらきかけるパラダイムシフトでもありました。

2　人間性心理学の潮流

[1] 来談者中心療法の誕生

　精神分析から離反し，20 世紀の相談臨床を席巻した新しいカウンセリング理論を開発したのはロジャーズ（Rogers, 1945）でした。ロジャーズ（Carl R. Rogers）は，ボウルビィと同年の 1907年に，広大な農地が広がるアメリカ中央部のイリノイ州で生まれ育ち，ウィスコンシン大学で農学を学びました。ところが，国際キリスト教会議に参加した 20 歳のロジャーズは，農業よりも神学に自分の生涯を捧げたいと考えるようになり，大学を卒業すると神学校に進学し，牧師の修行を始めました。さらに神学校在学中に，人生とは，果たして神に与えられるものなのだろうかという自問を追求し，無神論者となってしまいました。神学校を中退したロジャーズは，コロンビア大学大

学院に入学し，支援職を志して精神分析を学びました。

　大学院を修了したロジャーズは，ニューヨーク児童虐待協会で「問題児」のカウンセリングにあたりました。しかし，そこでの少年たちは，長期にわたる精神分析カウンセリングを終了しても非行を繰り返し，再犯で逆戻りするケースが後を断ちませんでした。その再犯率の高さからロジャーズは，過去の親子関係にさかのぼる精神分析よりも，「いま，ここで」起きている少年たちの問題行動こそ問題ではないかと考えるようになりました。

　そのような葛藤の中で，神学校で学んだ懺悔の儀式が思い出されました。教会で行なわれる懺悔では，己の罪の告白をする信者に，神父が神様の御使として己の主観を交えずにひたすら話を聞き，信者とともに赦しを乞うのです。神父が懺悔を神様に取り次ぐと，信者たちの多くは，自らの愚行を悔い改め，それぞれに新しい道を探ることができるようになっていきました。

　ロジャーズは，それこそがカウンセリングなのではないかと考えました。そもそも人間には洞察力が備わっており，それを引き出すことができれば，自己修正が促進されるはずなのです。その人を動かせるのは，その人自身でしかないことは，ロジャーズ自身の進路選択の歴史が物語っていました。

　こうして，クライエントの語りに分析を加えず，そのFeeling-worldに無条件の積極的関心を寄せる非指示的療法が開発されました。過去ではなく現在に焦点を当て，治療者側の分析や価値観を押し付けず，受容・共感・傾聴を原則に，クライエント自身の洞察を引き出そうというものです。

　ユダヤ人医師ではなくアメリカ人の心理学者が開発した新しいカウンセリング理論は，ポスト精神分析のトーキング・キュアとしてアメリカ心理学会で熱烈に歓迎され，全米の相談臨床現場に一気に広まりました。

　また，1945年に第二次世界大戦の終戦を迎えると，戦地から帰国した復員軍人の社会復帰プログラムにカウンセリングが導入されました。そのため，短期間で大勢のカウンセラーを養成するためのプログラム開発がロジャーズに要請されました。ロジャーズは，数日間のワークショップで方法論を学ぶエンカウンターグループという訓練技法を考案しました。エンカウンターとはラテン語で「出会い」という意味です。それは，非指示的療法のエキスパート1〜2人をファシリテーターにした10人前後のグループをつくり，テーマやきまりなどを設定せず，自由に率直に語り合い聴き合うというグループ体験です。参加者は，受容・共感・傾聴によって与えられる安全感と信頼の雰囲気の中で，参加者相互が自発的に行う本音の語り合いを体験します。ファシリテーターは，強制や方向づけは極力控え，話が途切れて停滞した時に進行を促進する役割を担います。参加者は，受容・共感・傾聴の信頼で守られた濃密な時間に出会い，本音の語り合いを通してグループのメンバーに出会い，自分自身に生まれる新しい価値観に出会うのです。

　後年のロジャーズは，エンカウンターグループの研究に注力し，カウンセラーが備えるべき筆頭の専門性として自己一致の原則を加えました。クライエントの葛藤の背後に潜む自己矛盾を解放するためには，支援者に矛盾があってはならないのです。クライエント自身のFeeling-worldを素直に表現させるためには，カウンセラーがロールモデルとして思考と感情の一致を示さなければなりません。カウンセラーは，本当に思っていないことを語ってはならないし，共感できないことをあたかも共感しているように語る，不誠実で自己不一致な態度はタブーとされました。こうして，カウンセラーが自己一致した状態で，クライエント

表1-1　精神分析療法と来談者中心療法の違い

	精神分析療法	来談者中心療法
創設者	フロイト	ロジャーズ
立場	精神科医	カウンセラー
	精神療法	カウンセリング
治療主体	治療者	クライエント
治療目的	未解決の葛藤解決	洞察と成長力の促進
注目観点	無意識	意識
	過去の親子関係	「いま，ここで」の意思
面接特徴	自由連想の解釈	受容・傾聴
	示唆的	非指示的

の Feeling-world を鏡のように映し出すためのトレーニングが開発されました。

そして，このような専門性を備えたカウンセラーが行うセラピーは，指示しないのではなく自己洞察に導くことが強調され，非指示的療法から来談者中心療法へと改められ，1940 年から 1960 年代の相談臨床の世界を席巻したのです。

[2] マズローの欲求階層と人間性心理学の誕生

マズロー（Abraham H. Maslow）の両親は，ユダヤ人迫害から逃れてロシア帝国から渡米し，ニューヨークの移民街で貧しい労働者となりました。マズローは，その長男として 1908 年に誕生しました。一家は，7 人兄弟の子だくさんでしたが，両親は教育を尊重し，マズローは奨学金を得てニューヨーク市立大学で法律を学びました。しかし，厳密な法律学はマズローの創造性をむしろ消沈させ，大学を中退して高校生の従兄妹と結婚し，その後彷徨を重ねながらウィスコンシン大学大学院の心理学研究科に入学しました。そして，霊長類の支配行動という行動主義心理学で博士号の学位を修め，ニューヨーク州立大学に就職しましたが，研究テーマは定まらず，マズローの彷徨は続きました。

ところが，1941 年に第二次世界大戦が勃発し，アメリカでも 18 ～ 45 歳の男性が徴兵対象となりました。徴兵への恐れは，マズローを激しく戦慄させました。開戦当時，すでに 2 児の父だったマズローは，人道的な優遇を得て，結果的に徴兵にはいたらなかったものの，徴兵を前提に戦死を覚悟すると「生きる」ことの意味を再考せずにはいられませんでした。

開戦から約 1 年，パールハーバーでの圧勝をはじめ相次ぐ日本軍の連勝とアメリカ本土への空爆が，アメリカ国民を震撼させていました。この開戦当初の戦況優位の日本軍が，アメリカ国民を死の恐怖に陥れ，天命をまっとうして自己実現を図りたいというマズローの欲求階層論開発の引き金を引くことになりました（Maslow, 1943）。

欲求階層論とは，人間の欲求には，順送りで 5 段階の次元があるというものです。第 1 段階は衣食住を満たす生理的欲求，第 2 段階は安全の欲求という生命保持のための欲求です。この 2 つの本能的な欲求が満たされると，第 3 段階としてはじめて社会的な欲求が湧き，社会に必要とされる役割やそれを担うための組織に所属したいという欲求が生じます。この欲求を満たして社会的な基盤が形成されると，同時進行で，家族をつくる愛の欲求も満たせるようになります。第 4 段階は，組織や家族という社会的な集団で承認を得たいという自尊欲求です。そして第 5 段階では，自分に与えられた能力を最大限に活用し，何かを成し遂げたいという自己実現の欲求が生じます。欲求階層の段階が上がるほど精神的に高次な次元へとステップアップが図られるのです（Maslow, 1967；図 1-2）。

また，晩年のマズローは，さらに第 6 段階として自己超越を加えました。それは，自己実現の欲求を達成した人だけが到達可能な次元で，全人類の 2 パーセント程度しか実現できないというものです。

徴兵義務を負い，死と背中合わせとなったマズロー（1943）が手繰り寄せた，「人間は何のために生きるのか」という研究は，人間の生存価値に注目した，生命の讃歌ともいえるものでした。それは，フロイトにはじまる神経症や苦悩への注目とは真逆の，人間の可能性に焦点が当てられていました。マズロー（1970）は，その研究対象に「生きる」ことを謳歌した成功者を選び，目標達成に対して真摯に「生きる」ことこそが，能動性，柔軟性，創造性などの課題中心的な態度とともに自他の受容を促進することを説きました。

このマズローの人間の存在に価値や意味を見出そうとする研究は，過去ではなく現在に注目し，個人の成長や可能性を尊重するロジャーズとの共通性から，人間性心理学とグルーピングされるよ

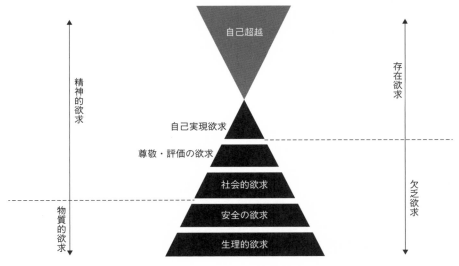

図1-2　マズローの欲求階層説

うになりました。

[3] アウシュビッツを生き延びたフランクルのロゴセラピー

　フランクル（Viktor E. Frankl）は，1905年にウィーンで誕生しました。両親はユダヤ人で，貧しくて夢をかなえられなかった父の志を受け，フランクル少年はわずか3歳で医師になろうと決意しました。ユダヤ人には医者か歯医者か弁護士資格の取得以外で大学という高等教育を受けることが許されていなかったのです。そして，大学教育は，学力での選抜も熾烈でしたが，貧困であるほど日銭を稼ぐ労働力が求められるので，ユダヤ人の進学は明晰な頭脳と家庭の経済力の両輪に恵まれないと果たすことがかないませんでした。そのため，大学進学者はユダヤ人の希望と羨望の的となり，一身に期待を集めました。

　医学部進学を誓って勉学に励んだフランクルは，高校時代から放課後になると成人学校に通って精神分析を学び，フロイトと文通を始めました。医学部入学とともに論文を書き出し，19歳の最年少で精神分析学会にデビューしました。

　20歳のフランクルは，人生に対して意味を見出すことが生きる原動力になるのだと主張しました。ところがこの提唱は，人生の原動力を快楽に求めるフロイトにも，力の獲得に求めるアドラーにも受け入れてもらうことができませんでした。そのため，当時のウィーン精神医学界を二分していたフロイディアンにもアドレリアンにも属さず，24歳で青少年相談所を開設し，ロゴセラピーという独自理論の基礎を固めました。ロゴとは意味というギリシャ語です。

　しかし，1918年に第一次大戦で敗戦したドイツとオーストリアは，莫大な戦争賠償金を課せられ，過酷なインフレーションに喘いでいました。そのため，生活苦からクーデターが相次ぎ，両国ともに急進的な革命政権が戦争へと国民を駆り立てました。そして，そのプロパガンダとして政治の矛盾と社会不安の矛先をユダヤ人に向けました。移民として他国に仮住まいでしかない民族を共通の敵にすれば，自国民を結束させることができ，さらに彼らを強制収容して財産を没収し，無償の労働に駆り立てれば，国家の資源として多面にわたり好都合で有用だったのです。

　1941年，第二次世界大戦開戦時のフランクルは36歳で，結婚したばかりでした。精神科医としてのキャリアと青少年相談所開設の功績から，フランクルにはアメリカ政府からの亡命ビザが用意されましたが，両親や弟妹はユダヤ狩りから逃れることができません。フランクルは，自分の存在

が親族に対する処遇を優遇させられるのではないかと考え，辞退しました。しかし，ナチスのユダヤ狩りは，戦局の悪化とともに過酷を極め，観念したフランクルは妻に堕胎を選択させました。労働力にならない妊婦は，即座にガス室送りにされてしまうからです。やがてフランクルの家族は捕えられ，容赦なくアウシュビッツ強制収容所に送られました。

アウシュビッツでは，第一関門であるガス室送りの選別を免れても，強制労働と栄養失調と伝染病の蔓延に耐える力が必要でした。さらに，労働効率が低下しても，監視兵の機嫌を損ねてもガス室に送られる二重三重のリスクが待ち受け，その生存率はわずか0.5パーセントに過ぎません。

フランクルの生還は奇跡と呼ばれました。フランクルは，強制労働に耐えながら，過酷な運命の中で生き延びることが可能な人の特性を観察し，ロゴセラピーを完成させていたのです。ロゴセラピーの開発は，フランクルが自らに与えた生きる意味そのものでもありました。生きることは，自分自身を問われることだとフランクルは考えました。自分の人生に何かを与えてほしいと考える人は，過酷な運命にくじけ，倒れていきました。自意識が高く，防衛が強い人ほどストレスに耐えられませんでした。極限生活を耐えることができたのは，「自分の人生に何を与えられるのか」と考えられる人でした。

20代で思考したロゴセラピーは，より高次な理論に進化を遂げました。人生と対峙するために最も必要なものは，意味のある人生を送りたいという意志を持つことだとフランクルは説きました。意味とは，3つの価値から生み出されます。①創造価値：自分の役割が価値を持ち，役割を果たすことが価値を創造すると感じられること，②体験価値：体験を通して人生を意味で満たすこと，③態度価値：そのときどんな態度をとるかで価値が生まれるというものです。①と②は与えることも奪うこともできますが，③の態度価値は，自身の選択によってのみ実現し，誰にも奪うことができません。そして，それは自他を幸福にも不幸にもできるのです。

アウシュビッツの悲劇を生き延びたフランクル（1946）のロゴセラピーは，世界のベストセラーになりました。さらに後年，この実存主義的療法は，ウォング（Wong, 1997）によって認知行動療法の枠組みに変換され，治療の幅を広げました。また，人間の可能性にはたらきかける人間性心理学の潮流は，セリグマン（Martin E. P. Seligman）が提唱したポジティブ心理学の文脈へと受け継がれていきました（Batthyany & Russo-Netzer, 2014）。

それにしても，ユダヤ人として同時代を生きて人間性心理学を切り拓いたマズローとフランクルは，アメリカとヨーロッパという政治環境の違いで，なんと異なる人生を送ったことでしょう。マズローは父親としての役割が尊重されて徴兵の優先順位が下がり，大学の研究室で理論を編み出しました。他方，フランクルは，ユダヤ狩りで妻子も両親も弟妹も財産も失い，アウシュビッツの過酷な労働環境の中でロゴセラピーを編み出したのです。皮肉にも，これらの人類の至宝ともいえる理論はユダヤ民族の迫害と戦争の産物でもありました。

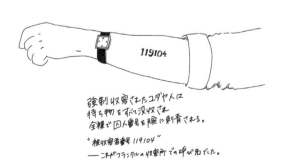

強制収容されたユダヤ人は
持ち物をすべて没収され
全裸で囚人番号を腕に刺青される。

"被収容者番号 119104"
——これがフランクルの収容所での呼び名でした。

行動主義と認知革命による
認知行動療法の発展

第2章

1　行動主義心理学の誕生と発展

[1] パヴロフによる学習行動の発見

　動物の行動が学習によって成立していることが発見されたのは，偶然の産物でした。パヴロフ（Ivan P. Pavlov）は 1849 年生まれで，消化腺の研究でノーベル賞を受賞したロシア帝国を代表する医学・生物学者でした。牧師の息子でしたが，小さい頃に塀の上から落ちて長い闘病生活を送り，人体のしくみに興味をもって医学部に進みました。

　手術の名手で，消化腺の研究のためにイヌの喉から唾液腺を取り出して試験管につなぐ手術をしていたその時でした。その唾液腺から唾液が湧いたのです。「なぜ？」とパヴロフは思いました。唾液は，口の中に食べ物を入れた時に，その刺激で分泌される生理反射のはずなのに，麻酔で意識が朦朧としている手術中のイヌが，なぜ食べ物もなしに唾液を流しているのでしょうか。

　パヴロフは手術スタッフを集め，その時に何が起きたのかを検討しました。すると，イヌが唾液を流したその時，イヌの飼育係が廊下を通り，鍵をジャラジャラ鳴らして歩いていくのが聞こえたというのです。当時のモスクワ大学医学部の筆頭研究者だったパヴロフには，潤沢な研究費があり，実験棟では 100 頭以上のイヌが飼われ，専属の飼育係がその世話をしていました。もし，イヌが飼育係の鍵の音に反応し，唾液を分泌したのだとすれば，麻酔で朦朧としている頭の中で鍵の音と飼育員がくれるエサとが結びつき，想像上のエサが唾液腺を刺激したのだとしか考えられません。唾液は，口の中に食べ物が入るという生理的な刺激以外にも，連想などの知的な刺激によっても分泌されるのでしょうか。

　これを証明するために考え出されたのが，ベルを鳴らしながら肉を与えられたイヌは，やがてベルの音だけでも，肉を連想して唾液を分泌するという歴史的な実験です。果たしてベルの音だけでイヌは唾液を出すようになり，刺激をベルからメトロノームやオルゴールやワルツに変えても，赤い部屋や青い部屋のような視覚刺激に変えても，同様の成果が得られました。これが「行動は学習によって形成される」という，学習行動の原理の誕生でした。

エサ

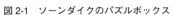
図 2-1　ソーンダイクのパズルボックス

[2] アメリカ心理学会の行動主義宣言

　パヴロフと同時期のアメリカで，動物の行動動機を強めたり弱めたりする効果の法則を基盤に，学習行動の理論を発展させ，やがて教育心理学の父と讃えられたのはソーンダイク（E. L. Thorndike, 1931）でした。

　パヴロフのイヌに対し，ソーンダイクはネコ

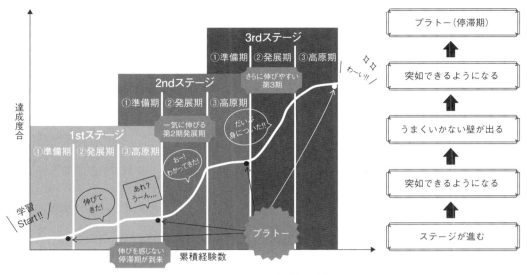

図 2-2 　S 字型学習曲線

を用い，動物が模倣や観察を通して課題を学ぶことができるのか実験を繰り返しました。紐を引くと扉が開くパズルボックスにネコを入れて透明なドアの外側にエサを置き，どうやってネコはエサにありつくことができるのか，克明な観察記録が作成されました。

　ネコは，試行錯誤のうちに偶然紐を引いて脱出に成功します。エサを食べたネコを再度パズルボックスに戻し，それを何度も繰り返していると，ある時から急に学習が進み，短時間で脱出できるようになったのです（Thorndike, 1898）。それは別のネコでも，異種の動物でも同様の変化が起きました。試行錯誤を重ねている間は課題解決になかなかたどりつけなくても，あるタイミングでコツをつかむと急激に上達するのです。すると，うまく学習が進むようになりますが，やがて苦手な課題の壁にぶつかって再度停滞し，それでも試行錯誤を続けると次の発展期がやってきて上達のステージが S 字を描くように上がっていくことがわかりました。ソーンダイクは，これを学習曲線と命名しました（図 2-2）。

　また，ドアから脱出したらエサにありつけるような，満足が得られる反応は行動動機を高めるので，満足の法則と命名されました。逆に欲求不満をもたらす反応は行動動機を弱めるので，不満足の法則と命名され，高い満足度をもたらす反応は刺激と結びついて学習が促進されるという結合の法則が発表されました。結合の法則は，満足度が高いほど結合力が高まるという強度の法則に基づいており，これらを総称して効果の法則と命名されました（Thorndike, 1911）。

　これらの研究成果は，アメリカ心理学会に実験心理学ブームを巻き起こしました。当時，アメリカ心理学会の中心メンバーだったワトソン（John B. Watson, 1913）は，パヴロフとソーンダイクの研究成果の発表に多大な注目を寄せました。心理学が科学であるためには，精神分析のような主観や直観での内観による実存的な意識研究ではなく，客観的に変化を観察できる「行動」を対象とすべきだと，行動主義宣言を発出しました。そして，刺激の操作による人間の行動変容の実験に取り組みました。生後 11 ヶ月のアルバート坊やにはシロネズミを見せ，手を延ばして触ろうとするたびに鋼鉄の棒をハンマーで叩き，大きな音を出しました。すると，アルバート坊やは音に驚いて泣き，やがてシロネズミだけでなく，白いウサギや毛皮のコートなど，シロネズミを連想させるものすべてに怯え，動物嫌いになったのです。ワトソンは，行動とは刺激に対する反応であり，刺激によって行動が変わるなら，刺激の操作で行動は操作できるという理論を発表しました（Watson

& Rayner, 1920）。

[3] ケーラーによる問題解決を求める洞察学習と行動

図2-3　ケーラーの洞察学習

ケーラー（Wolfgang Köhler）は，ドイツの心理学者で，プロイセン科学アカデミー人類学研究所の所長として，カナリア諸島で霊長類の行動研究に取り組んでいました。

ケーラーは，チンパンジーがどのように問題を解決するかを解明するために，実験室の天井からバナナを吊るし，チンパンジーが手の届かないバナナをどうやって手に入れるのか観察しました。柵の中には，バナナには届かない短い棒を置き，柵の外にバナナに届く長い棒が置かれました。チンパンジーは，柵の中で短い棒を拾って試行錯誤しました。しかし，バナナには届かず，歩き回ったり周囲を見渡し，ふと短い棒で長い棒を引き寄せ，長い棒でバナナを叩き落とし取ることに成功しました。

ソーンダイクの理論では，すべての動物の学習の基礎は試行錯誤に置かれましたが，短い棒から長い棒に持ち替えてバナナを取ったチンパンジーの行動は，思考の末に洞察を得たように見えました。そこで，柵の中に棒ではなくいくつかの木箱を置いてみると，やがてチンパンジーは箱を重ねてそこに登り，バナナを取りました。チンパンジーは，与えられた問題に対し，単なる試行錯誤だけでなく，そこに洞察を加えて解決法を導き出していたのです（図2-3）。

ケーラーは，これを洞察学習と命名し，行動に対する思考や解釈の影響について研究を進めました。そして，チンパンジーにも問題解決に対する知性の発達による個体差があることを発見し，知的な遅れのある人間の子供のスクリーニングと彼らへの特別な支援教育の必要性を説きました。

ケーラーは，1920年からベルリン大学心理学研究所の教授として，ゲシュタルト心理学創設の中核を担いました。ゲシュタルトとは，全体の構成のことで，たとえば行動について，行為だけを抽出してもその意味をとらえることはできない，行動を全体としてとらえるためには，行動の前後の刺激や結果などの文脈とともに，その人の考えや思考の傾向など，その人らしさの全体像をとらえる必要があるというものです（Köhler, 1929）。

ところが，ナチスのユダヤ人狩りで，ドイツの大学からユダヤ人教員が排斥されることへの怒りと失望から，ケーラーはドイツ人であるにもかかわらず，ユダヤ人教授たちとともに1935年にアメリカの大学に移籍しました。後年の1959年，アカゲザルの実験で有名なハーロウの推薦を受けてアメリカ心理学会の会長に就任し，敗戦国ドイツとの往来で，ドイツの研究者が育成してきたゲシュタルト心理学の保護と発展に尽力しました。

[4] ウォルピのエクスポージャー法の開発とPTSD治療

第二次大戦で南アフリカ共和国の軍医として戦争神経症の治療にあたり，その治療法の開発後にアメリカに渡って学習理論を発展させたのは，行動療法の父と称されたウォルピ（Joseph Wolpe, 1954）でした。

　ウォルピは，1915 年に南アフリカ共和国に生まれた精神科医で，フロイトの精神分析の信奉者でした。南アフリカ共和国は大英帝国の植民地だったため，第二次世界大戦ではイギリスの連合軍として派兵しました。ウォルピは軍事精神病院に配属され，精神分析を用いて戦争神経症の治療にあたりました。精神分析理論では，過去の親子関係での抑圧経験や感情が整理されると神経症は鎮まることになっていました。しかし，戦争神経症に対する精神分析の治療成果はほぼ皆無に等しく，ウォルピは戦争から生き延びたら，その治療法の開発に人生を捧げようと心に誓ったのでした。

　終戦後，ウォルピはアメリカで発展した学習理論と実験心理学を学び，実験箱の中で爆音と電撃を繰り返し，ネコを擬似戦争神経症にすることに成功しました。戦争神経症の治療法を開発するためには，擬似戦争神経症を発症した実験動物が必要だったからです。そして，神経症になったネコの恐怖反応を鎮めるためにさまざまな実験が繰り返されました。

　その結果，恐怖反応はエサを食べさせると減弱されることがわかりました。実験箱の中ではエサを食べられなかったネコでも，恐怖反応が形成された実験箱から離れ，異なった環境になるほど反応が減弱され，エサを食べるという食行動の形成にいたることができました。さらに，エサを食べてリラックスしたネコを，少しずつ実験箱に類似した箱に接近させてはエサをやると，その繰り返しの結果，最終的に実験箱でも恐怖反応を伴わずにエサを食べることが可能になりました。

　これこそ戦争神経症の克服プロセスだとウォルピは直感しました。このプロセスを人間にあてはめる方法論探しが始まりました。食行動が恐怖・不安を減弱させるとはどういうことなのでしょうか。ネコは，エサを見て恐怖反応を形成させた恐怖刺激から注意を反らすことができ，注意がエサに注がれるほど緊張がほぐれて恐怖刺激への過敏性が減弱されました。さらに「食べる」という行動によってエサの刺激は五感に広がり，やがてエサへの咀嚼に注意が集中すると，緊張がほぐれてリラクセーションが促進されたのです。

　ウォルピは，これを拮抗制止法と命名しました。不安・恐怖と真逆の反応を同時に起こさせることで，不安・恐怖を逆側から制止するのです。爆音と電流で恐怖反応を起こしたネコは，エサという快刺激とそれを食べるという身体運動反応によって不安と緊張を拮抗制止していたのです。

　さて，現実の神経症の人間に対し，どんなはたらきかけをすれば，ネコにとっての「エサを食べる」効果を出すことができるのでしょうか。戦争神経症の治療を最も必要としているのは敗戦国なのですから，誰でもいつでも簡単に行うことができ，しかも費用がかからない治療法でなくてはいけません。とうとうウォルピ（Wolpe, 1958）は，その拮抗制止法として呼吸法によるリラクセーションをとらえました。そして，食行動が達成された実験箱と，恐怖反応が引き起こされた実験箱との物理的な距離を，不安喚起刺激の高低に置き換えました。

　面接場面で，患者の恐怖反応を引き起こしている不安喚起刺激を特定し，そこで引き起こされる不安の最大程度を 100%とした場合，不安が低くたやすく耐えられる刺激から順に並べる不安階層表が構想されました。次に，呼吸法によるリラクセーションの手ほどきが施されます。そして不安階層表の不安度の低いものから高いものへと順送りに不安喚起刺激を提示して嫌悪状態に直面（エクスポージャー）させるのです。もし，患者が不安反応を引き起こしたら，刺激の提示を停止し，呼吸法でリラクセーションを誘導します。そして，十分なリラックスがはかられた後に，不安階層表のレベルをいくつか戻して再度不安喚起刺激を提示し，順送りに次の段階の刺激に進むというものです。

　この一連の刺激の繰り返しのプロセスで脳が刺激に慣れて馴化（慣れ）を起こし，不安喚起刺激と不安反応との結びつきが弱まっていきます。刺激が与えられても，恐怖反応が引き起こされなくなれば治療は完了です。

　初期のウォルピは，馴化の文脈で治療メカニズムをとらえていましたが，後年は，不安・恐怖が

表2-1　系統的脱感作法の手順

1．不安喚起刺激の同定（特定）
2．不安階層表の作成
3．不安喚起の程度の小さい刺激から，最大刺激にいたるまでの段階的エクスポージャー（直面）
4．不安拮抗反応（リラックス）の導入

引き起こされても克服できるという自己効力感獲得の文脈で恐怖反応が消去されることが加筆され，行動理論の背景に認知の変容が付記されました。

　リラクセーションと組み合わせて段階的なエクスポージャーを行うこの治療法は，「系統的脱感作」と命名され，開発から半世紀以上を経た現在も恐怖症やPTSD（心的外傷後ストレス障害）の治療法の中心を担っています。

　エクスポージャーとは，現実直面を意味しており，その意図を汲んで暴露療法とも称されます。また，不安・緊張に対する拮抗反応には，呼吸法のような筋弛緩法の他に，声を出すことで，身体を動かすことで不安・緊張を紛らわせる主張反応と身体運動反応が適用されました。

　この研究成果によって，ウォルピはスタンフォード大学での研究員の資格を与えられ，その後ヴァージニア大学からの招聘で南アフリカ共和国からアメリカに移住しました。そして，精神分析の概念を学習理論に統合しようと考えていたハル（Clark L. Hull, 1943）らとともに行動療法の基礎を築きました（Wolpe, 1969）。

[5] スキナーのオペラント学習を用いた行動形成技法の開発

　スキナー（Burrhus F. Skinner, 1938）は，奇しくもパヴロフがノーベル生理学・医学賞を受賞した1904年生まれのアメリカ人で，作家を志して小説を書いては投稿する文学青年でした。大学の文学部を卒業後，書店の店員として働いていたスキナーは，その本の中からパヴロフのイヌの唾液腺の実験（1902）による学習行動の発見に感銘を受け，これに感化されて発出されたワトソン（1913）の行動主義宣言に触発されて心理学への転向を決意しました。

　ソーンダイクを輩出したハーバード大学大学院に入学したスキナーは，ソーンダイクのパズルボックスをもじったスキナーボックスを作って動物実験に没頭しました。そして，ソーンダイクの効果の法則を発展させ，刺激の好悪に反応して行動を強化あるいは弱化させる学習行動の理論を開発しました。それは，ケーラーのチンパンジー実験以来，知性の個体差に注目が集まることへの反論でもありました。個体差への注目は，精神分析のような内観時代への後退だと考えていたスキナーは，ハトやネズミの実験で，刺激の操作による行動形成の可能性を訴えたのです。

　スキナーボックスで，偶然レバーを押すとエサが出てくることを発見したネズミは，空腹であればあるほどエサを求めて集中力を高め，満腹のネズミよりもわずかな試行錯誤でレバーを押せるようになりました。ハングリーなネズミの方が素早く行動を学習するのは，エサが行動を強化していると同時に，エサにありつきたいという結果を求めてネズミ自身が行動を強化するからだとスキナーは考えました。

　好ましい結果を導く有益な刺激は，その行動動機を高め，学習を強化するので，強化刺激（強化子）と命名されました。また，ネズミを空腹にするなど，エサという刺激の効力を高めるための条件の操作は，確立操作と命名されました。好ましくない結果を招く刺激は行動動機を弱め，結果的に行動を消失させるため，弱化刺激（弱化子）と命名されました。

　罰刺激にも行動を消失させる効果がありました。罰刺激が与えられたり，報酬が得られない状態が継続すると，その行動の維持にメリットがなくなるので，行動は消失していくのです。

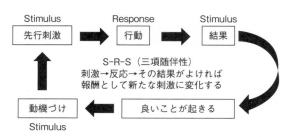

図2-4　オペラント行動の作り方

スキナー（Skinner, 1961）は，行動とは刺激に
対する反応であって，その行動によってもたら
される結果が新たな行動動機となって次の行動
が決定されると考え，刺激−行動−結果という
三要因の連続的な影響を三項随伴性と命名しま
した。また，これらの操作（オペレーション）
によって行動が形成されることをオペラント学
習と命名しました（図 2-4）。

達成がかなえば，それ自体が報酬となって行動が強化される‼

図 2-5　スモールステップで目標を達成するシェイピング法

　この一連の動物実験の中で，反応するたびに
強化子を与えた場合を連続強化，特定の頻度で
与えた場合を間欠強化と命名し，効果的な行動
形成のためにどのような頻度で強化子を与える
のかを明確化する強化スケジュールが開発されました。この強化スケジュールを活用した代表的な
行動形成技法がシェイピング法です。習得させたい標的行動をスモールステップに分け，容易なも
のから実行し，その行動を拡大させることで目標行動の形成を達成しようという方法です。目標達
成までのスモールステップをスケジューリングした行動スケジュールなど，行動形成のためのさま
ざまな技法が開発されました（Ferster & Skinner, 1957）（図 2-5）。

　トークンエコノミー法も，スキナーが開発した代表的な行動形成技法です。目標行動を強化する
ための強化子として，それを貯めると報酬と交換できるトークン（引換券）を用いる方法です。学
校現場では，ドリル 1 ページに取り組むとシールを 1 枚貼ってもらい，シールが 10 枚貯まるとペ
ンと交換できるなど，担当教師それぞれが工夫を凝らし，多様な教育場面に活用されるようになり
ました。

　スキナーが開発したこれらの行動形成技法は，ソーンダイクの学習理論の汎用性を高め，学校
臨床での問題行動への介入や特別支援教育に応用されるようになりました。スキナー（Skinner,
1968）は，動物実験での刺激の操作を応用し，教師が教育テクニックとして子供の行動をオペレー
ションできるようになれば，教育の機能が高まることを提唱しました。子供たちの学習動機や学習
機能を低下させている要因として，①教師の一方的な説明，②罰刺激の使用，③子供の知的レベル
と学習課題の不一致，④個別サポートの不足，⑤学習刺激・動機の補強の不足をあげました。これ
に対し，学習を促進させる要因として，①子供自身が実行可能な課題を作る，②学習課題をスモー
ルステップに分割する，③学習者のレベルと各ステップを合致させる，④各人が目標達成できるよ
う課題を調整する，⑤介入を徐々に減らし，自発学習に転換するというものです。まさにアクティ
ブラーニングなのです。

　スキナーは，オペラント学習を用いてハトに卓球を教えるなど，刺激の操作による学習と，それ
を応用した教育方法の可能性の広がりを提唱しました。この学習理論の発展が，基礎理論としての
教育心理学を学校臨床に応用する学校心理学という実践的な学問を導き出しました。

表2-2　スキナー(1968)の学習を促進する教育テクニック

学習を促進させる要因	学習の促進を妨げる要因
学習者が実行可能な課題を作る	教師の一方的な説明
学習課題をスモール・ステップに分割する	罰刺激の使用
学習者のレベルと各ステップを合致させる	学習者のレベルと課題の不一致
各人が目標達成できるよう課題を調整する	個別サポートの質量の不足
強化をフェードアウトし自発学習にシフトする	学習刺激・動機の補強が不足

　一方，スキナーは，行動の背景の認知の存在に対して頑なに不要論を唱え，認知を取り入れよう
とする行動療法から離反して応用行動分析学を創設しました。しかし，歴史の波の中で認知と行動
は表裏一体の関係だと考えられるようになり，認知行動療法の発展のかたわら，スキナー学派はやが
て勢いを失っていきました。

2　認知療法の誕生と発展

[1] エリスによる論理療法の開発

　行動療法の発展のかたわら，問題行動の背景に存在する認知の歪みを確信し，認知の修正を図る
論理療法を開発したのはエリス（Albert Ellis, 1962）でした。

　エリスの祖父は，迫害を逃れてロシア帝国からアメリカに移民したユダヤ人でした。エリスは
1913年に誕生してニューヨークで育ちましたが，児童期に両親は離婚し，躁鬱病の母親に代わっ
て弟妹の面倒を見るヤングケアラーで，自己否定の強い孤独な青年に育ちました。

　躁鬱病の母親は，エリスのコンプレックスをかき立てる反面教師として存在しました。母親の逸
脱行動の背後には，いつも逸脱した思考が存在していました。思考が理性から外れ，感情と絡まり
合って飛躍すればするほど，行動も暴走し，顕著な不適応行動となる場面に立ち会い続けていたの
です。同じ場面でも，友人の賢明な母親と比較すると，思考も行動もまったく異質な母親に，エリ
スはいつも疲弊し，絶望感を抱いていました。

　大学卒業後，エリスは就職してサラリーマンになり，弟妹が進学するまで一家の経済を支えると，
ようやく29歳で実家から解放され，戦時中の1942年にコロンビア大学大学院に入学しました。ユ
ダヤ民族の誇りであるフロイトに憧れていたエリスは，弟妹を巣立てたら心理学を学び，メンタル
ケアの専門職を目指そうと考えていたのでした。

　エリスは，心理臨床の道を求めて精神分析のトレーニングを重ねました。ところが，現実に支援
職に就いてみると，ロジャーズやウォルピ同様に精神分析の治療効果の低さに失望し，新しい治療
法を模索するようになりました。そして，せっかく新しい治療方法を開発するのなら，長く苦しん
できた自分のコンプレックスを克服できるものにしたいと考えました。

　スキナーは，行動とは刺激と結果に対する反応だと説きましたが，エリスは，刺激と行動の間に
は，その人のビリーフ（Belief: 考え）が介在するので，カウンセラーはそのビリーフに働きかける
ことが不可欠だと考えました。

　ビリーフには2種類があります。中立的でポジティブな考えは，ラショナル・ビリーフと命名さ
れました。他方，「～ねばならない」と自分を拘束するネガティブな考えは，イラショナル・ビリー
フと命名されました。無論，治療ターゲットはイラショナル・ビリーフです。

　行動を支配するほどのネガティブな感情の背後にはイラショナル・ビリーフが存在するので，ビ
リーフを同定（特定）したら，そのイラショナルな部分に対してありったけの論駁（反論）を試み
るのです。たとえば，自分はダメな奴だという感情の背後に，人並み以上でなければいけないとい
うイラショナル・ビリーフがある場合，「なぜ人並み以上でなければいけないのですか」「人並みで
あることは不幸なことなのですか」「そもそも人並みとは悪いことなのでしょうか」などなどカウ
ンセラーが論駁し，本人にも論駁を試みてもらい，行動化の前に自分との会話ができるように導き
ます。

　このように論理的な自分との対話で，イラショナル・ビリーフを修正する方法を，エリスは論理
療法と命名し，その原理をABCDE理論で説明しました。出来事（Activating event）に対する飛
躍した考え方（Belief）を論駁（Dispute）して合理的に修正すれば，結果（Conclusion）として合

理的な行動が選択され，治療効果（Effect）があるというものです。

[2] ベックによる認知再構成法の開発と認知療法の誕生

エリスと同時期に活躍し，その影響を受けながら認知療法を編み出し，行動療法から認知行動療法への発展を拓いたのはベック（Aaron T. Beck, 1967）でした。ベックは，ナチスを逃れて当時のソビエト連邦ウクライナからアメリカのロードアイランド州に移住したユダヤ系移民の息子でした。貧しくも優秀なベックは，奨学金を得て終戦の翌年1946年に医学部を卒業し，精神科医となりました。

エリス同様，ユダヤ民族が輩出した偉大な同胞フロイトを尊敬していたベックは，アメリカ精神分析学会に入会し，精神分析のトレーニングを受けました。ところが，ベックが担当する現実のうつ病患者は，精神分析での治療効果が得られないだけでなく，精神分析理論とは真逆の反応を示していることに気づきました。精神分析理論に従えば，意識の下から湧き上がってくる怒り感情は，過去の親子関係に起因しているはずなのですが，実際の患者たちの怒りは，いずれも現実に起きているリアルタイムの問題に起因していました。また，抑圧され，内在化された感情も，過去の親子関係ではなく，現実の失敗や苦痛に起因しており，患者たちは，現実の問題や行動に対する改善を求めていたのです。

さらに，患者の中には，孤独で退屈だと不安が高まるので，親しい仲間と性的な話をして気を紛らわしている人もいました。精神分析理論では，性衝動は不安の根源であるはずなのに，現実の患者たちは，猥談を楽しむことで不安を拮抗制止しているではありませんか。

そして，うつ症状を引き起こす苦痛は，無意識に起因するわけではなく患者自身の思考の否定的偏りに原因があるように思われました。ベックは，フロイトの精神分析理論をうつ病の患者治療にあてはめるのを止め，目の前にいる現実の患者たちにあてはまる治療理論を開発しようと決意しました。理論の開発にあたり，ベックはフロイトにならい，自分自身と患者を分析対象にしました。まずは自分について，1日2回以上自身の思考と行動を克明に記録することを課し，データを蓄積しました。これに並行して，うつ病患者たちの思考と行動のパターンも克明に記録しました。これらの膨大なデータを検討し，ネガティブな感情が動くときには，その人の認知にあたかも自動的に現れたかのように否定的な考えが存在していることを発見したのです。

この否定的認知は，スキーマ（自動思考）と命名されました。自動思考は，本人が意識する前にいかにも自動的に無意識の中に湧き上がり，自分自身と世界と未来という3次元にわたる否定的な思考を飛躍・拡大させていたのです。人間の無意識を支配していたのは，性的抑圧ではなく思考傾向でした。問題行動の背景には，ネガティブで不合理な思い込みの自動思考が推論の誤りや飛躍を生じさせ，その結果としてネガティブな行動を引き起こし，問題を悪循環させているという心理的構造が明らかになりました（図2-6）。

そこでベック（Beck, 1972）は，うつ病の患者が自身の自動思考に気づくことができるように質問を工夫することが大切だと考えました。まずは，患者が直面している問題状況を聞き取り，その背後に存在する思考や認知を細かく丁寧に聞き，その人の認知の中でどんな循環がつくられているのかを図解して可視化させました。たとえばいじめを経験した中学生が，いじめという刺激語から，とっさに「攻撃は怖い」⇒「身動きできない」と過剰な反応をする場合，思考と反応を細分化し，その悪循環を可視化できるように図解するのです（図2-7）。そして，その思考の循環の中に潜む矛盾や飛躍を検討し，詳細な現実検討を重ねることで，不合理や飛躍を排除していくというものです（図2-8）。

患者は，自らの自動思考とその不合理な思い込みや飛躍を論理立てて理解することで，思考の修

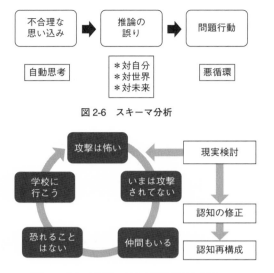

図2-6　スキーマ分析

図2-8　認知の飛躍に対する現実検討と修正

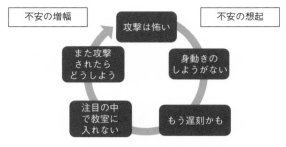

図2-7　不安想起時のネガティブ認知の悪循環

正にいたり，より合理的な行動を選択できるようになります。このように自動思考を修正する治療法は，認知再構成法と命名され，認知療法としてうつや不安など，精神疾患の治療法の流れを変え，論理療法（Ellis, 1962）と併せて認知革命と称されました。

[3] バンデューラによる認知への働きかけと行動形成

　カナダの大学生だったバンデューラ（Albert Bandura, 1962）は，自らの経験から印象深い他者の言動もその人にとっての行動動機になることを実感していました。このような言動を身につけたいと思えるモデルに出会った場合は，その人をお手本に行動が形成され，反面教師に出会った場合は，類似する行動が抑制されるのです。

　ブリティッシュコロンビア大学の心理学部をスキップして3年間で卒業した優秀なバンデューラ（1959年）は，アメリカのアイオワ大学大学院で攻撃行動がどのように獲得されるかの研究を行い，高い評価を受けてスタンフォード大学に招聘されました。

　1961年に行われたボボ人形実験では，行動を形成する動機として「認知」が存在することを証明し，それが行動心理学に新しい潮流をつくりました。実験群の子供たちに，プレイルームでアクターが風船の「ボボ人形」に乱暴しているところを見せ，統制群の子供たちには普通に遊んでいるところを見せると，実験群のその後の行動には，統制群に比べて明らかに攻撃性が目立ちました。刺激の操作ではなく，モデルに対する観察学習で，模倣行動が形成されることが証明されたのです。これは，モデリングによる社会的学習と命名され（Bandura, 1969），行動理論の新しい時代を拓きました。

　さらにバンデューラは，ウォルピが開発したエクスポージャーに替えて，認知の転換によって恐怖症を軽減できないかという実験に挑み，恐怖の覚醒に影響している要因として，自己効力感の介在を発見しました。自分には恐怖に打ち克つ力があると思うことができる人ほど，不安・恐怖は覚醒されにくく，逆に自己効力感が低い人ほどたやすく恐怖が覚醒されるのです。バンデューラ（Bandura, 1977）は，ある行動がある結果を生み出すことができるという結果予知に対し，自分はそれが遂行できるという効力予知が得られれば，これが行動動機となって行動形成が促進されるという自己効力感の理論を発表しました。

　効力予知を導く自己効力感には3つの種類があります。①自分の行動を制御できるという自己統制的自己効力感，②対人関係を制御できるという社会的自己効力感，③学業を習得できるという学業的自己効力感です。これらの効力感の先行要因には，①やってみたらできたという達成経験，②観察学習による代理経験，③見通しや手順の説明など言語的説得，④イメージ学習での想像的体験，

⑤アルコールや薬物など生理的情緒的高揚感があり，報酬と罰での刺激以外にも，認知へのはたらきかけで行動形成が可能になるというものです。

　バンデューラのこれらの理論は，さまざまに応用されました。その代表的な技法にソーシャルスキル・トレーニング（Social Skills Training）があります。たとえば，良い行動を身につけさせたいとき，モデルになる誰かの言動を取り上げて賞賛や叱責の対象にすれば，本人に直接アプローチしなくても，行動を強化したり弱化したりできるのです。この代理強化の原理を用いて，精神障害者のためのソーシャルスキル・トレーニングが開発されました（Liberman, Lillie, Falloon, & Harpin,1984）。①獲得行動と目的の明示，②モデルの提示，③リハーサル，④フィードバックというシンプルなパッケージは，特別支援教育にも援用されるようになり，さらにモラル・エデュケーションのスタンダードとしても活用されるようになりました。

　「人は単に刺激に反応するのではない。刺激を解釈しているのである」。それゆえに，クライエントの解釈をリフレイミングし，認知をポジティブに変化させれば状況は変えられるというバンデューラの業績は，心理学全体の潮流を変え，教育心理学や学校心理学の発展にも寄与しました。

[4]　セリグマンの学習性無力感の発見

　セリグマン（Martin E. P. Seligman）は，太平洋戦争開戦の翌年の 1942 年に，アメリカのニューヨーク州でユダヤ人の両親の家庭に生まれました。プリンストン大学を優等で卒業し，英国のオックスフォード大学哲学科への奨学金を手に入れましたが，それを断り，アメリカの大学院に残って動物実験心理学を学びました。

　セリグマンの研究グループは，イヌを 3 群に分け，ランダムに電気ショックを与える実験をしました。①電撃をコントロールできる群，②コントロールできない群，③電撃を受けない群です。このうち，②コントロールできない群のイヌたちは，必死になんとか逃れようとするのですが，ある時から顕著に動きが鈍くなり，逃げられる環境が作られても反応しなくなりました。

　なぜ，あんなに逃げようと必死だったイヌが，逃げられる環境を与えられても逃げようとしなくなるのか，セリグマンのグループは議論を交わしました。セリグマン（Seligman, 1967）は，制御できない刺激が繰り返されるうちに，イヌが「どうせもう逃げられない。何をやってもムダだ」と察知し，そのネガティブな認知が獲得された時から，逃げることはおろかすべてを諦めたのではないかという仮説を立てました。

　果たして，実験対象にしたイヌの多くは，途中から逃げるのを諦め，それ以降に逃げ道を与えても反応しなくなりました。果たして制御できない不快刺激を与え続けると，サカナ，ネズミ，ネコ，サル，ヒトでも同様に，途中から抵抗を諦め，適応的な反応を起こさなくなることが証明されました。

　セリグマン（Seligman, 1975）は，これを学習性無力感と命名しました。

　ところが，たくさんの実験の中には，最後まで諦めずに逃げきることができたイヌやヒトも出現しました。これらの例外に対し，「彼らはなぜ諦めないのか」というセリグマンの問いがポジティブ心理学の扉を開きました。

　セリグマンは，その後，楽観的なオプティミストと悲観的なペシミストの比較研究に転じました。ペシミストの特徴は，悪い事態は長く続き，自分は何をやってもうまくいかない，それは自分が悪いからだと思い込む傾向がありました。オプティミストは，同様の事態に見舞われても，自分を責めず，苦痛は一時的なもので，これは試練だから何か手立てがあるはずだと考える傾向がありました。

　この発見は，ベックやバンデューラの業績とともに行動主義心理学に認知という風穴を開けまし

た。そして，人間の可能性や価値を志向する人間性心理学の理論とも結びつき，ポジティブ心理学が創設されたのです（Seligman, 1996）。

　Well-being であるためにはどうすればよいか，それはむやみに自分を責めず，ポジティブな可能性を信じて試練を乗り越えようと志向する認知の転換が鍵を握っています。その人に与えられた不幸な場面は，神から与えられた試練だとリフレイミング（状況に対する言い方を変えて意味づけを変える）することで，チャンスの萌芽に逆転させることができるのです。

3　認知行動療法の誕生と発展

[1] 認知行動療法の誕生

　カウンセリング理論の最初の革命は，フロイト（Freud, 1900）によるトーキング・セラピーの開発です。神経症の原因を悪霊や呪いから個人の精神的葛藤へと転換させ，「精神」を分析と治療の対象にとらえたことで，カウンセリングによる治療法が創設されました。その後，ワトソン（Watson, 1913）が主観的な内観から客観的な行動の問題としてとらえる行動主義を提唱し，刺激の操作で行動を学習させる行動主義心理学の時代を拓きました。

　一方，言語学研究のチョムスキー（A. Noam Chomsky, 1964）は，ユダヤ移民二世のアメリカ人として，学校では英語を，家庭ではイディッシュ語を話すバイリンガルでした。イディッシュ語はドイツ語圏ユダヤ民族の共通語で，ドイツ語にユダヤ古来のヘブライ語が混同しています。

　イディッシュ語と他言語の比較研究をしていたチョムスキーは，言語に人種を超えた共通文法が存在することを発見しました。そして，言語とは社会的ツールとしての人間固有の文化であり，言語を作り出して進化を遂げた人間の能力の全体像を研究せずに，言語だけを研究対象にしても言語は理解できないと主張しました。それは，言語という観点から先天的に人間に備わっている学習能力や認知科学・思考・心理を結びつけるコペルニクス的転回としてチョムスキー革命と称されました。

　こうして創設された言語心理学の延長線上で，人間固有の思考能力を無視して行動をとらえるわけにはいかないというケーラー以来の一連の主張が，エリスの論理療法やベックの認知再構成法の治療成果を背景に，認知革命の波をつくりました。そして，認知と行動から適応をとらえるという基本的な枠組みが共通していた行動療法と認知療法は，ニワトリと卵のような議論を経て認知行動療法として統一されました（S. Rachman, 1977）。不安喚起刺激から発作にいたる認知の飛躍を修正するパニック障害に対する認知療法と行動療法の統合的治療法開発が，その議論に終止符を打ったのです（D. M. Clark, 1986）。

　認知行動療法（cognitive behavioral therapy: CBT）としての統一にはさまざまな議論が湧き起こり，当初は認知療法と行動療法を比較して，どちらが効果的かという研究が活発化しました。しかし，それはやがて認知行動療法とその他の療法との比較研究に変わり，各ケースの特性やプロセスに応じて認知療法と行動療法のいずれかの技法を選択できる認知行動療法は，治療実績で他を圧するゴールド・スタンダードとなりました（David, Cristea, & Hofmann, 2018）。

　行動療法でのアセスメント（機能分析）は，刺激⇒反応（行動）⇒結果という公式（フォーミュレーション）に事例をあてはめ，刺激の操作を検討します。認知療法でのアセスメント（スキーマ分析）は，自動思考を同定し，そこに潜む不合理な思い込みと推論の誤りを検討し，修正をはかります。認知行動療法では，この両方をアセスメントして，認知と行動に介入する効果的な方法を検討するのです（図2-4, 6, 7, 8）。

　しかし，研究を研究するメタ分析では，大うつ病や境界性人格障害の自殺未遂に対する治療効果

に認知行動療法でのエビデンスが見出されませんでした。

[2] リネハンによる弁証法的行動療法（DBT）の開発

　リネハン（M. M. Linehan, 1993）は，1943年のアメリカで石油商の富裕な家庭に生まれ，優秀でピアノの才能にも恵まれた少女でした。ところが，高校3年時に統合失調症と診断され，精神病院の閉鎖病棟で長期にわたり薬物療法や精神分析，電気ショック療法などを受けました。リネハンは激しい自傷行為を繰り返し，入院後も体を切りつけ，タバコで腕を焼きました。鍵つき個室の重症隔離室に移され，自傷の道具を失うと壁や床に頭を打ちつけました。

　ところが隔離室では，頭を打ちつけて失神しても誰も助けてくれず，誰も何が起きているかさえ知らない様子に，リネハンは隔離室という孤独な地獄に置き去りにされたように感じていました。

　「また自傷の衝動が押し寄せてくる，衝動に襲われた私は制御不能……」

　「誰かが私を助けてくれるはず……。神よ，あなたはどこにいるのですか」

　入院生活は，そんな惨めな自問自答の繰り返しだったと，晩年のリネハンはインタビューで語りました（Carey, 2011）。

　リネハンは，隔離室での長い孤独の中で，もし病院から脱出できたら，閉鎖病棟の地獄の中の人を助けるために戻ってきたいと心に誓いました。

　2年余の入院生活を経て，退院した20歳のリネハンは，実家を離れてロヨラ大学に入学し，心理学を専攻して精神医学の講義を貪り，自分の病気が統合失調症ではなく境界性人格障害（borderline personality disorder: BPD）に近似していることを理解しました。また，湧き上がる自傷への衝動をコントロールするために坐禅のトレーニングを受け，その講師を務めるまでになりました。

　そして，博士課程を修了したリネハンは，精神病院に就職し，境界性人格障害に対する認知行動療法のセラピストになりました。ところが，ほどなく認知行動療法の限界に直面しました。認知行動療法の特徴は，理性に訴えて認知と行動をコントロールすることにあるのですが，境界性人格障害の特徴は，理性では抑えられない自己破壊的な衝動の激しさにありました。さらに，対人関係に対する操作的かつ敵対的性向という特徴もあり，セラピーは中断の連続を余儀なくされました。

　リネハンは，従来の認知行動療法の枠では治療が成立しないことを直感していました。まず，重篤な境界性人格障害の入院患者との治療関係を構築するためには，支援者による絶対的な受容が必須です。しかし，生身の支援者たちは，操作的かつ敵対的な患者との応答に困難を極めていました。支援を機能させるためには継続的な支援者支援の導入が必須なのです。

　また，自傷行為に対する衝動性は，自己の理想像と現実の自己への絶望とのギャップから生じ，その落差が大きいほど激しく湧き上がることをリネハンは経験的に理解していました。セラピーの中で認知や行動の変容を目標設定した場合，それができないと絶望を引き起こし，自傷行為を増幅させる危険があるのです。そのため，セラピーの目的は「変化させること」と「変化させず受容すること」のバランスを取ることに設定されました。

　さらに，すべてをだいなしにする強烈な衝動をコントロールする方法がなければ境界性人格障害を救うことはできません。リネハンは，衝動性に対する拮抗制止法としてマインドフルネスを導入しました。それは，自分の呼吸だけに意識を集中し，感情を整える禅の瞑想法のアレンジ版でした。

　リネハンは，隔離室時代の自分が求めていた支援法について，症状を要素に分解して一つずつ対応させ，問いに対する証明のように治療プログラムを編み出しました。入院患者には，定期的な個別セラピーに加え，グループセラピーでのスキル・トレーニングをプログラムしました（Linehan, 1993）。

　個別セラピーでは，主に行動療法が行われます。患者自身の行動様式を理解し，衝動を外在化させるために感情に名前をつけ，不適応行動を誘発する刺激を同定することで行動をコントロールしようとするものです。グループセラピーでは，現実の不適応行動を修正するためのスキル・トレーニングとして，①マインドフルネス，②対人関係保持スキル，③感情抑制スキル，④苦悩耐性スキルを学びます（表2-3）。

　こうして，境界性人格障害の複雑な症状に対して，それぞれに対応する技法を組み合わせた多次元アプローチでのプログラムが開発されました。この治療法は，弁証法的行動療法（dialectical Behavior Therapy: DBT）と命名されました。dialectical とは，対立する物事から新しい見識を見出すことです。それは，行動変容を目的とする行動療法を中心技法に用いながら「変化させず受容すること」を目的として併存するもので，being を doing に転換させて発展してきた行動療法に being を吹き込む役割を果たしました。また，本セラピーの開発は，従来の単一技法による治療法から重層的な多次元アプローチへと新たな革命を起こしました。複雑な問題に対して多次元アプローチを用いることで，認知行動療法の治療実績は格段に進歩を遂げ，ゴールド・スタンダードとして不動の地位を確立したのです。

表2-3　境界性人格障害のためのDBT入院治療プログラム

	週あたり頻度	内　容
個別セラピー	1〜2回 （1回60〜90分）	宿題のレビューと行動療法
グループセラピー	1回 （150分）	スキル・トレーニング 1）マインドフルネス・スキル 2）対人関係保持スキル 3）感情抑制スキル 4）苦悩耐性スキル
電話相談	随時	
治療チームのコンサルテーション・ミーティング	1回 （180分）	治療者の逆転移への対策 治療プログラムのモニタリングと見直し

心理学革命とカウンセリング理論の発展

第3章

1 不登校に対するカウンセリング理論

[1] 心理療法を用いた不登校のトリートメント

　不登校についての解釈は，心理療法の学派によってそれぞれ異なります。

　精神分析における不登校は，幼児期の母子関係を通して潜伏させた敵意と依存に由来すると解釈され，母子関係を改善するために，主に母親の生育過程での未解決の葛藤に焦点を当ててトリートメント（治療）が行われます（Davidson, 1960; Kelly, 1973 他）。

　精神分析から派生した家族療法でも，不登校の問題の本質は家族システムの歪みに起因すると考え，親子関係に対する介入が行われます（Minuchin, 1974; Napier, 1978 他）。

　来談者中心療法では，主に傾聴面接によって当事者に自分のことは自分で決める力と自信を与えるエンパワメントが行われます。ただ，洞察の促進を目的とする心理療法なので，発達障害など洞察に限界のある対象者や，カウンセラーの自己一致のみられないオウム返しの対応には効果の限界があることも警告されました（Rogers, 1942）。また，アクスライン（V. M. Axline, 1947）は，クラインが創始したプレイセラピーに非指示的態度での受容・共感・傾聴を導入して児童中心療法を開発し，世界の子供臨床に一般化されました。

　認知行動療法では，不登校とは，不合理で偏った学校認知の結果，誤学習された問題行動だと解釈されます。そのため治療では，誤学習の解除による行動修正が行われてきました。問題行動を特定し，不安度の低いものから高いものへとスモールステップで行動の活動範囲を広げる不安階層表を用いたシェイピング法による治療法も開発されました（A. O. Ross, 1987）。これは，母子分離不安を含めて多様に応用され，不登校治療の活路となりました。

　また，登校行動形成を最終目標に段階的な短期目標を設定し，各段階での行動形成をプログラムする行動マネジメント法も開発されました（King, 1998）。各段階で湧き上がるネガティブな認知を系統的に脱感作しながら，登校に対するイメージ・トレーニングを並行させてポジティブな認知を獲得させ，スモールステップで登校行動を形成させていくというものです。

[2] 不登校に対する現象から原因への着眼点の転換

　1980 年代までの心理療法は，それぞれの学派で開発された技法にクライエントの問題を当てはめることで方法論を発展させてきました。1960 年代以降は問題解決のエビデンス研究が注目され，その治療実績から認知行動療法が主流になりましたが，いずれの学派にも共通するのは，その治療対象がクライエントおよびその家族という単次元構造で説明されていたことです。トラブルの原因は，不適応を引き起こすクライエント側に所在しており，カウンセラーがクライエントおよびその養育環境である保護者に対して治療を施すことで解決が図られるというものです。

　しかし，1990 年代のアメリカでは，不登校を学校環境と子供との関係という観点からとらえた

研究が相次いで発表され，不登校研究の潮流を学校－子供－家庭というエコロジカルな視点に変化させました。小児精神科医のバーンスタイン（G. A. Bernstein, 1991）が，状況に応じて主訴が転動する不登校児の不安症状について，精神医学的な問題ではなく，学校環境との関係の中で生じる葛藤の投影なのではないかと問題提起したことが転機をつくったのです。

　カーニー（C. A. Kearney, 1996）は，学校恐怖症の子供が登校に際して家庭で強い怖れを示す一方，より刺激が強いはずの学校に登校してしまうと怖れを訴えず，帰宅後にまたリバウンドするという矛盾した傾向に注目し，恐怖刺激に反応する純粋な恐怖症とはいえないことを指摘しました。そして，分離不安や強迫性障害などの神経症圏の症状分類は，その時々の一過性の状態を表しているにすぎず，不登校という状態の全体を説明できないと主張しました。従来の不登校児に対して行われてきた，不安や問題行動など本人の内発的な状態に焦点化するアセスメントは，本質的な学校適応について扱っていないことが問題となりました。

[3] カーニーの不登校行動に対するマルチプルアプローチ

　カーニー（Kearney, 2002）は，①登校に対する本人の不安，②子供が表出する心身症状や暴力などに巻き込まれた家族，③学校環境に潜伏する嫌悪刺激という3次元の問題から不登校行動（school refusal behavior）が形成維持されるのだと説きました。この連鎖を崩すには，対子供・対保護者・対学校それぞれに向けたトリートメントが必要だと説き，以下に示す多次元アプローチを開発しました（表3-1）。

1) 子供本人：登校不安への対策
　　①登校行動形成のための行動スケジュール
　　②仲間形成のためのコミュニケーションスキル・トレーニング

2) 家族：生活習慣改善のためのペアレント・トレーニングとカウンセリング

3) 学校：セラピストによる介入
　　①学校での環境調整を行う責任者（SCなど）の人選
　　②責任者と協働での学校適応についてのアセスメント
　　　a）本人の学習達成度と授業の選択クラスとの適合度：学習が困難な場合は，選択クラスや履修プログラムを見直し，適応状態によってはよりスモールサイズのクラスを創設する
　　　b）教師・クラスメイトとの関係
　　③SC室や図書室など登校可能な学校環境からシェイピングでの行動拡大
　　④子供が頼りにできる教師やメンター・バディーなど校内支援環境調整
　　⑤責任者と協働でのモニタリング

　カーニーの不登校研究は世界を席巻し，子供と家庭の歪みにのみ注目してきたそれまでの学校臨床を完全に変革しました。いまや，不登校の子供支援は，本人・家族・学校への同時介入がスタンダードとなりました。

　しかし，この多次元アプローチは，学校外のセラピストとスクールカウンセラーとの協働を前提に開発されたプログラムであることを忘れてはいけません。アメリカのスクールカウンセラーは，教職経験を経て大学院修士課程を修了した常勤管理職で，学校システムの変革に権限をもっています。また，教育委員会には博士課程を修了して発達障害の診断資格をもったスクールサイコロジストがいて，学校に派遣されます。そして，やがてスクールサイコロジストが個人開業のセラピストとして各地域に根を下ろし，学校臨床を支えているのです。

　一方，教育制度の違いとして，アメリカの義務教育ではホームスクーリングが認められており，登校したくない子供には訪問教師が派遣されます。制度としてホームスクーリングを選択できるア

表3-1　開業カウンセラーによる多次元アプローチでの介入戦略(Kearney, 2004)

＜子供への介入＞
1. 不安症状と不登校行動を関連させ，問題の本質が学校の嫌悪刺激にあることを理解させる
2. 認知行動療法による不安症状の解消(リラクセーション・トレーニング)
3. 不合理な認知の修正
4. 定期登校に必要なスキルの同定とトレーニング(コミュニケーションスキル・トレーニング)
5. スキル・トレーニングの中で，柔軟かつ発展的に登校を約束する
6. 段階的に学校に接近させるエクスポージャー・プログラムを作成する
7. 挑戦的社会的状況での対処についてのブレーンストーミングやスキル・トレーニング
8. 完全登校と部分登校についての有利不利を話し合い，登校スタイルを決める

＜保護者への介入＞
子供の登校意思を強化し，登校行動を促進できるように親教育を行う
　　・両親のいる家庭　　　両親の参加と連合したアプローチ開発の強調
　　・一人親の家庭　　　学校復帰プロセスをサポートできる人の特定
1. 不登校要因の情報収集
2. 学校と連携する許可をもらう
3. 教職員と復帰方法について話し合った内容を保護者と話し合い，具体的な復帰方法を考える
4. 登校促進セラピーの導入～トレーニングの説明(3と4の十分な説明が家族を変化させる)
5. 登校促進の導入からトレーニングについて親行動での管理的戦略を説明する
6. 朝，昼間，夜の生活をルーチンとして整える
7. 保護者と教職員との連携の促進
8. 登校行動について，促進する条件としない条件を同定し，促進条件を強化する
9. 登校できない条件が同定できたら，スーパーヴィジョンできるように親教育をする

＜学校への介入＞
1. 学校ベースの問題を子供に合わせて調整できる教職員(キーマン)の人選
2. キーマンと登校を阻む潜在的要因を同定する(以下キーマンとの協働)
3. 履修プログラムやクラス選択についての短期的および長期的修正の検討
4. 別室登校⇒クラスへの部分参加⇒連続的参加というシェイピング・プログラムの作成
5. 出席・適応状態についての学校スタッフによるていねいな管理
6. 生徒が頼りにできるスタッフやメンターの明瞭化
7. 生徒が努力して報われる経験のプログラム作成
8. 出席を増やす計画についての保護者との密接なコミュニケーション

メリカの子供たちと，登校義務を課せられる日本の子供たちにとっての「登校」の重みはまったく異なり，それゆえに「不登校」の意味も異なります。

　さらに日本の学級編成は，アメリカのような能力別のスモールクラス編成ではなく，各クラスが学級集団として平均的になるように編成されており，学年の平均的能力（IQ100）に照準を当てて編纂された教科書を用いて一斉指導が行われます。特別支援学級や通級指導の対象でなければ，学習に苦戦している子供が選択できる学級環境は存在しないのです。

　世界を席巻しているマルチプル・アプローチですが，アメリカと教育システムの異なる日本の学校臨床にそのままあてはめることはできません。教育制度が異なる日本の学校臨床には，日本独自の支援方略が求められているのです。

2　グループ・ソーシャライゼーション・セオリー：20世紀最後の心理学革命

[1] ハリスによるグループ・ソーシャライゼーション・セオリーの提唱

　ハリス（J. R. Harris, 1995）は，学齢期以降の子供の人格形成と適応に最も影響を与えるのは，親ではなく仲間集団であり，社会性とは帰属集団の中で自ら学び取る本能的な学習行動であるというグループ・ソーシャライゼーション・セオリーを発表しました。この理論は，個人の内面や親子

関係に焦点化して人間の適応をとらえようとする従来の臨床心理学の枠組みをくつがえし，アメリカ心理学会から20世紀最後の心理学革命として顕彰されました。

　先行研究において，ボウルビィ（Bowlby, 1951）は，乳幼児が生き延びるための本能的な適応行動が養育者への愛着形成であることを説きました。エリクソン（Erikson, 1963）は，乳幼児と青年期をつなぐ学齢期の適応について，人間の環境適応を支えるキーマンが成長につれて養育者から仲間へと変化し，その重要度が逆転することを説きました。乳幼児期の子供の家庭適応のキーマンは養育者が務めます。しかし，幼稚園や保育所での集団生活が開始されると，子供には家庭と帰属集団の両方への適応が求められ，学齢期以降の適応の中核は，学校や職場などその人が帰属する社会的集団に移行するのです（Harris, 1998）。

　ハリスは，行動療法の父とうたわれるスキナー（Skinner, 1961）が心理学部長を務めていた1960年代にハーバード大学の大学院に在籍していた才媛です。大学院での学友との間に授かった一人娘と，養子縁組をした里子の二人の娘を育てました。姉娘は，幼少期から本を好み，小学校入学以来，能力別編成のトップクラスで級友たちと知的で統制的なグループをつくりました。優秀児が集まるトップクラスの級友はお互いに尊敬し合い，教師や保護者が口出すまでもなく高い知性とモラルが保たれていました。これに対し里子の妹娘は，姉とは真逆の下層クラスで，級友たちと享楽的なグループをつくりました。どんなに教師や保護者が注意しても，グループは喧騒を極め，中学，高校へと進むにつれ，姉妹の生活ぶりはどんどん差を広げていきました。

　同一環境に育ちながら，あまりにも異質な姉妹の行動は，ボウルビィの愛着理論でもスキナーの学習理論でも説明できませんでした。

　順調に家庭適応していたはずの里子の娘は，幼稚園に入ると落ち着きのない騒々しい子供たちと意気投合し，あっという間に似たような子供どうしのグループがつくられました。それは，小学校でも中学校でも高校でも同様で，享楽的な仲間は享楽的な仲間を呼び，高校卒業まで妹娘の逸脱行動はおさまりませんでした。家庭では使ったことのない下品で粗野な言葉づかいで仲間と騒ぐ娘に，ハリスは家庭を圧倒する仲間集団の絶大な影響力に打ちのめされました。

　この二人の娘の違いについての問いがハリスを学齢期の適応研究に向かわせ，人は帰属集団のカルチャーを取り込むことで社会化されるというグループ・ソーシャライゼーション・セオリーの革命的理論を生み出すことになりました。

[2] 集団の魅力度が帰属欲求に直結する

　スキナーに学んだハリス夫妻は，家庭での養育刺激を詳細に検討しました。すると，同じ刺激に対する姉妹の反応があまりにも異なっていました。刺激を解釈する価値観が行動の選択を分けていたのです。そして，同じ家庭に育つ姉妹の価値観や志向は異質なのに，姉妹それぞれが帰属するグループ・メンバーの価値観や志向はいかにもそれぞれのものと似通っていました。大勢の集団の中から惹かれ合ってグルーピングし，仲間として結びつけるものは，同質の価値観なのではないかとハリスは考えました。里子の妹娘にとって，知的で理論志向のハリス一家はむしろ異質な集団で，幼稚園で巡り合った享楽的な仲間たちこそ心から共感し合える同質集団だったのかもしれません。妹娘は，家族よりも仲間集団と過ごしている方が，まるで水を得た魚のように生き生きと楽しそうに輝いていたのです。

　ハリス（Harris, 1995）は膨大な先行研究に対するメタ分析を行い，適応とは帰属集団への同一化によって達成されるものであることを確信しました。仲間のキーワードは同質性にあり，結束力の強い集団ほど高い同質性をもっていました。集団適応は，集団内の行動様式や価値観を察知して身につけ，集団に同一化することで達成されるのです。そのため，集団はますます同一性を高め，

それゆえに異質をはじく性質をもっています。集団に共通する価値観を具現できる者ほど高位の
リーダーを担い，それに同一化できると適応はたやすく，そうでない場合はアイデンティティを喪
失して集団不適応に陥るか，集団との距離を保つことで疑似適応を図ります。

　集団適応とは，帰属集団との同質性の高さで決まるというハリスの理論は，不適応を個人の歪
みに帰結させてとらえてきた発達心理学にコペルニクス的転回をもたらしました。従来の理論では，
集団不適応を起こす子供には，ソーシャルスキル・トレーニングを施し，その歪みを修正すること
が適応支援でしたが，集団適応とはそのような外づけの学習理論で反転させられるものではないの
です。最も重要なのは，子供自身がその集団に同一化したいと思えるかどうかという集団認知に
ありました。適応支援には，個人がその集団を好きになり，同一化したいと思えるようなオペレー
ションが求められていたのです。

　この理論は，日本で開発された集団への同一化を促す対人関係ゲーム・プログラム（田上，
2003a）の技法と結びつき，集団社会化療法の開発へと発展を遂げました（中村，2022）。集団社会
化療法とは，遊びを媒介に対人関係に一体感を生み出し，個人の集団適応を促進する関係療法（シ
ステムズ・アプローチ）です。個人の認知や行動ではなく，対人関係が変容するように遊びのプロ
グラムをオペレートし，支援者や仲間との関係の変容から結果的に認知や行動を適応的に変容させ
る支援方法です。個別療法では，主にボードゲームやカードゲームのような少人数遊びが活用され，
集団療法では凍り鬼やチョークリレーのような集団遊びが活用されます。

3　カウンセリングのプロセス研究

　神経症や不適応の治療方法の探求から発展したカウンセリング理論について，アイヴィ（A. E.
Ivey, 1971）はそのカウンセリングのプロセスで用いる技法を細分化し，全体像を検討しました。
これがマイクロ・カウンセリング理論です。その結果，カウンセリングを構成している技法とは，
受容と傾聴によるかかわり技法，問題解決のための積極技法およびその統合技法であることが発表
されました。

　これを受けてカーカフ（R. R. Carkhuff, 1974）は，カウンセリングのプロセス研究を行い，それ
はヒル（C. E. Hill, 2004）に受け継がれました。ヒルは，カウンセリングによるヘルピング（支援）
プロセスが以下の3段階から構成されることを説きました（図3-1；表3-2）。

1）探求段階：ラポールの確立と問題の明確化

　　主技法は来談者中心療法で，受容・共感技法を用いてクライエントの話を促し，ラポールを
　　形成しながら解決すべき問題は何かを探求します。

　　活用される技法には，オープン・クエスチョン，ミラーリング，リステイトメント，ポジティ

図 3-1　ヘルピングプロセス

表3-2　ヘルピングプロセス

1. 探求段階 問題は何か	ラポールの確立と問題の明確化 クライエントの物語を促し，クライエントの視点からクライエントの問題を探求する
2. 洞察段階 どのように起きているのか	問題の意味や悪循環の明確化 自分自身の問題を長引かせている自分の役割についての自覚を獲得させる
3. 行動段階 どのように変化させるか	変化に対する意思決定と実行 変化への決意 適応的な行動の学習と定着

表3-3　各段階で用いられるカウンセリング技法

探求段階	オープンクエスチョン	「Yes, No」で答えられるクローズドクエスチョンに対し，相手が自由に回答できる質問5W1Hで構成されることが多い
	ミラーリング	相手と同じキーフレーズを繰り返して反射させる
	リステイトメント	クライエントの発言の意味や内容を言い換える ①クライエントの発言より語数が少なく ②類似した言葉で，③より具体的で明白に
洞察段階	直面化	クライエントが変わる必要に気づこうとしない，変わりたくないと思っている不一致や非合理的信念を指摘する対決技法
	感情の反映	クライエントの発言を繰り返したり言い直したりして，そこに潜む感情に焦点を当て，明確化する
	解釈	クライエントの発言の表面的な認識を超え，行動，思考，感情に新しい意味，理由，説明を提示する ①単発的に思われる発言や出来事の結びつけ ②クライエントの行動，思考，感情パターンの指摘 ③防衛，抵抗，転移の解明
	即時性	主に治療関係が膠着した時，クライエントとの治療関係に対する即時のカウンセラーの感情を開示する
	洞察の開示	カウンセラーがかつて洞察を得た個人的な体験や似たような状況でうまくいった方略を提示する
行動段階	シェイピング	目標とする標的行動を形成するために，スモールステップでできることを段階的に増やす ①現実的な標的行動を特定する ②その行動にまつわることをモニターしてもらう ③問題点を話し合い，段階的な計画を立てる ④目標を達成した場合の報酬を選定する ⑤毎セッションで計画の達成を話し合い，目標管理する
	行動リハーサル	適応困難な場面をシミュレーションし，そこでの適切な行動をロールプレイングする ①典型的な問題場面を詳述してもらい，そこでクライエントがどのように振る舞っているのかロールプレイしてもらう ②カウンセラーは相手役を務め，プレイを自己評価させる ③どのような修正行動がよいか具体的な目標を設定する ④ロールプレイングを繰り返し，適応行動に導く
	認知再構成	不合理な行動の背景には，不合理な思い込みが存在するので，以下の手順でそれに替わる適応的認知を獲得させる ①非機能的な自動思考の同定 ②現実検討 ③認知の修正 ④認知の再構成
	リフレイミング	状況に対する言い方を変えて意味づけを変える
	モデリング	他者（モデル）の行動を観察することで，その行動が学習される

　ブ・フィードバックなどがあります（表3-3）。

2）洞察段階：問題の意味や悪循環の明確化

　　主技法は精神分析で，クライエントの防衛や悪循環を分析し，問題の本質的な意味を理解します。活用される技法には，直面化，感情の反映，解釈，即時性，洞察の開示などがあります。

3）行動段階：変化に対する意思決定と実行

　　主技法は認知行動療法で，問題解決のための認知と行動の修正を行います。

　　活用される技法には，行動形成法のシェイピングや行動リハーサル，認知再構成法やリフレイミング，モデリングなどがあります。

　このようなプロセス研究によって，精神分析や来談者中心療法，認知行動療法などの技法は，それぞれが単体で行われているわけではなく，クライエントの問題や支援の段階によって使い分けら

れていることがわかりました。

　セッションを重ねても問題解決にいたらない場合は，クライエントが真に問題解決を望んでいないことを見落としているか，カウンセラーに十分な解決技法が習得されていないことを想定しなければいけません。

　ヒル（Hill, 2004）の著作は，大学教育でのカウンセリングテキストとして全米トップで採用されています。アメリカの4年制大学で養成されるのはインテーク・カウンセラーです。何がクライエントの問題なのかを理解するために必要なスキルは探求段階であり，そこまでが学部でのカウンセリング教育の役割なのです。そして，インテーク・カウンセラーのリファーを受けて問題解決を担うためには，大学院でそれぞれの領域の専門性と問題解決技法を学ぶ必要があるのです。来日したヒル博士は，アメリカのカウンセラーが日常的にワークショップで自己研鑽して多様な技法を身につけ，問題に応じて技法を使い分けていることを語りました。カウンセラーの問題解決力とは，さまざまなクライエントが持ち込む多様な問題に対応できる多様な問題解決技法を身につけることなのです。

認知行動療法のアセスメントと ケースフォーミュレーション

第4章

1　行動のアセスメント：機能分析と問題行動

　行動療法では，行動とは刺激に対する反応だととらえます。そして，行動には結果が伴い，その結果が新たな刺激となって次の行動が選択されるので，スキナー（B. F. Skinner）は，①先行刺激，②行動，③結果を三項随伴性と命名し，機能分析という行動理解のフォーミュレーションを策定しました。

```
┌──────────┐     ┌──────────┐     ┌──────────┐
│  先行刺激  │ ──▶ │  問題行動  │ ──▶ │   結果   │
│  成績不振  │     │  不登校   │     │  現実逃避  │
└──────────┘     └──────────┘     └──────────┘
```

図4-1　機能分析

表4-1　面接で明らかにする課題

1. どのような問題が解決すべき問題の中核なのか
2. その問題を維持させる問題行動は何か
3. どのような先行刺激が問題行動を引き起こしているのか
4. どのような結果が行動を維持しているのか
5. 問題行動の機能とは何か

表4-2　不適応行動の先行条件となりがちな不快な刺激

A. 欲求不満
　1. どのように反応したらよいのかわからない
　2. 道具の仕組みが複雑だったり，それをうまく使えない
　3. 自分の意思を伝えるための機能的表現方法が欠如している
　4. 目標あるいは活動が妨げられる

B. 刺激が乏しすぎる
　1. 無視されている
　2. 何度も同じことを繰り返させられる
　3. 意味のないことをさせられる
　4. ペースが遅すぎる

C. 刺激がありすぎる
　1. 視覚過多（ごちゃごちゃ），聴覚過多（騒々しい）
　2. 指示が多すぎる
　3. ペースが速すぎる

D. 周囲の期待あるいはモデルのレベルが高すぎる

表4-3　代表的な不適応行動の機能（Alberto & Troutman, 1999から改編）

A. 注目を得る
　1. 欲求や希望を伝えようとするコミュニケーションの手段
　2. 人や出来事に関与するための手段

B. 逃避・回避の方法
　1. 外的な不快刺激からのエスケープ
　　　難しい課題，義務，不快な環境，困惑場面など
　2. 内的な不快刺激からのエスケープ
　　　空腹，疲労，痛み，痒み，感覚過敏など

　人間の行動には意味があります。仮に問題行動であっても，その行動が維持されているのだとしたら，そこには必ずその人に好都合な作用をもたらす強化がはたらいているはずなのです。行動の結果，自分にとって都合の良いことが起きれば，それが学習されて行動は強化され，行動として定着するのです。このメカニズムを明らかにできるように，分析の対象とする標的行動を①先行刺激，②行動，③結果に分解し，行動を維持させている機能を分析するのが機能分析です（図4-1）。

　面接場面で，カウンセラーが質問技法を駆使して最初に引き出すべき課題は①クライエントにとっての問題とは何かです。②次に，その問題を維持させている行動を同定（特定）します。③問題行動が同定されたら，その先行刺激と結果がどのような連鎖をつくって問題を悪循環させているのかを理解し，④行動の機能を明らかにするのです（表4-1）。

　たとえば，授業中教師に指名されて生徒が涙ぐんでうなだれてしまった場面で，教師が困惑して回答を求めずに授業を進めた場合，もし生徒が皆の前で発表することに苦手感をもっていたとすれば，この経験は生徒の行動に強化を与えます。答えられない場面では，うなだれれば見過ごしてもらえると誤学習し

てしまうのです。指名されても答えずにうなだれるという行為は，教師の質問を回避して回答義務をリセットさせる機能を担うことになるのです。

　また，授業崩壊は，授業場面で複数の子供が教師を攻撃し，授業が成立しなくなってしまう現象です。いかにも複数の子供たちが一斉に教師を攻撃しているように見えますが，それぞれに話を聞くと，動機には個人差が存在しています。ある子供は，あっという間に課題を終わらせ，皆が課題を終えるまでの待ち時間がつまらないため，悪ノリでヤジを飛ばしていました。ある子供は，学習内容が理解できておらず，ヤジは学習から逃避する授業妨害の手段でした。ある子供は，学習よりも攻撃チームに加担した方がおもしろいから選択した行動でした。いかにも同じような攻撃行動にみえながら，各人にとっての攻撃の意味，すなわち機能は異なっているので，支援を考えるためには個別に状況を聞き取り，各人の行動の背後に潜伏している機能を理解しなければ正しい対応を生み出すことができません。

　行動の歪みは，強化を伴いながら学習された問題の象徴なので，そこに潜伏する誤学習を解除し，適応行動を学習すれば問題行動は消去されるはずなのです。

　なお，不適応行動の先行条件となりがちな不快な刺激と，代表的な不適応行動の機能を表 4-2, 3 にまとめました（Alberto & Troutman, 1999）。

2　認知のアセスメント：スキーマ分析と問題行動

　スキーマ分析とは，無意識に湧き上がる思考傾向，すなわち自動思考の奥に潜む価値観の歪みを同定することです。問題行動が引き起こされている時は，ネガティブで不合理な自動思考が存在し，それが推論の誤りを生じさせ，行動を歪ませてしまうからです（A. Beck, 1972）。

　マズロー（1970）が欲求階層論で唱えたように，人間には普遍的な感情欲求が存在していますが，日常の生活を通してすべてがかなえられるわけではありません。ベックおよび弟子のヤングは，とりわけ成長期までの欲求不満経験が自動思考の根幹をなす非適応的なスキーマの構成要素となりがちであることを説きました。

　人間の中核的な感情欲求は，以下の 5 領域で説明され，その欲求が満たされずに自己敗北的な感情を経験しているほど，それらはスキーマの中に埋め込まれ，行動を選択する思考傾向にネガティブな歪みをつくります（Young, Klosko, & Weishaar, 2003）。

1) 他者との安定した関係形成 VS 見捨てられスキーマ

　愛着と自己主張は反比例の関係にあります。愛着を獲得しようとするほど，子供は自己主張と自己コントロールを犠牲にして服従を求められ，強く自己主張をするほど親の歓心を失います。そこで，これらを共存させる柔軟なバランスが必要ですが，親子間の主張を折り合わせることが難しい場合もあります。

　そのため，そのバランスの取り方によって獲得される思考傾向には，期待に応えられないときの見捨てられスキーマや，「どうせ受け入れてもらえない」ので「どうせ信用できない」「どうせ信用されていない」という不信スキーマ，「どうせ自分だけ与えられない」という欠落・恥スキーマ，孤立スキーマなどが植え込まれます。

2) 有能感とアイデンティティ獲得 VS 無能・敗北スキーマ

　自尊心や有能感など自信を構成する基本的感覚は，思考を前向きにし，成長を促進する基盤となります。自尊心や有能感は人生の満足感に最も強く影響し，その低下はうつ病の最大危険因子の一つです。また，帰属集団の中での有能感が高いほどアイデンティティが獲得されやすく，逆に有能感が得られないとアイデンティティは拡散され，環境不適応に陥ります。

成長期の経験の中で，無力感が繰り返された場合に獲得される思考傾向には「どうせできない」「どうせやっても無駄だ」「いうことを聞くしかない」などの無能・敗北スキーマが植え込まれます。

3）限界の超越 VS どうしようもないスキーマ

人間には必ず限界が存在し，限界突破は人類の普遍的な課題です。しかし，限界との折り合いをうまくつけることができず，さらに自制心をコントロールできない場合には，いかにも万能感をもった俺様・女王様スキーマをもって周囲を支配していることがあります。また，反対に極度な無力感を抱き，「～だからどうにもならない」「一体全体どうしていいかわからない」どうしようもないスキーマに支配されている場合もあります。

4）他者への指向性 VS 独占/自己犠牲スキーマ

自他へのコントロールに対する有能感は，自己効力感の基盤として重要な役割を担います。人間関係の適切な距離は，相手や状況によって大きく異なるため，バランスを取るためには場面ごとの高度な判断が必要です。相手を独占したいという欲求が思考傾向を支配している場合には，独占スキーマがはたらきます。また，自信の欠如から評価懸念が高く，自分が高い評価を受けていないと不安な場合は他者から評価されたいスキーマが，相手の気分を害することに過度な恐れをもっている場合は「悪いのは自分のせいであなたではない」という自己犠牲スキーマがはたらきます。

5）警戒と抑制 VS 完璧主義/罰スキーマ

日常的に欲求が満たされず慢性的な欲求不満状態にあると，過度な警戒と抑制に支配されます。このような状況下では，大脳で感情をコントロールする扁桃核のコントロールが機能不全を起こして柔軟性を失い，「戦うか逃げるか」という極端な反応が選択されがちです。そして，このような極端な反応は周囲の人間関係の中で受け入れられ難く，葛藤や孤立を深めます。

中間点でバランスを取ることができない白黒二択の思考傾向は，自他に対する「～あるべき」という完璧主義スキーマや，「できなければ罰せられるべき」という容赦のない厳格な完璧主義と罰スキーマか，さもなければ過度な感情抑制の悲観スキーマに偏りがちです。

その人の心理的な健康度が高ければ高いほど，トラブル場面に遭遇しても，自動思考に状況判断を加えてバランスを取り，柔軟に処理して適応状態を保つことができます。ところが，何かの出来事をひきがねに過去の欲求不満場面に起因する非機能的スキーマが生じると，その自動思考が推論の誤りや飛躍を招き，不適応行動が引き起こされて悪循環をつくることになるのです。

そのため，面接ではクライエントが直面している問題状況を聞き取り，その人の認知の中でどんな循環がつくられているのかを図解して可視化し，クライエントと話し合いながら自身の認知を理解してもらいます（図4-2）。

不合理な思い込み
家族の期待に応えられない（例）

推論の誤り
家族との関係を絶ってひきこもる

図4-2　スキーマ分析

3　BPS（生物心理社会モデル）フォーミュレーションを用いた概念化

認知行動療法は，問題行動を認知と行動の両面から検討し，行動療法と認知療法の技法を組み合わせて自在にバリエーションを広げられる汎用性の高い方法論で，それゆえに治療効果のエビデンスの高さが他を圧倒してきました。その秘訣のひとつは，クライエントの問題の全体像が理解できるように構成的に振り出される質問技法にあります。ベック（1967）以来継承される協働的経験主義の立場から，カウンセラーは面接での情報収集を通してクライエントの経験を追体験するのです。

カウンセラーは，あたかも自分自身が経験したような臨場感を獲得できるまで詳細に聞き取り，クライエントの問題を正確に理解します。

　そして，面接での情報収集の次のプロセスとして情報の整理を行います。それはクライエントの体験を概念化する作業で，面接で語られたエピソードや感情体験から共通要素を抽出し，内容や意味を損なわないようコンパクトな表記に置き換え，主観的な体験を客観的に整理します。

　問題を構成する要因を網羅し，全体像を俯瞰してとらえるための定式化（フォーミュレーション）もさまざまに開発されてきました。表 4-4 は，生物心理社会モデルをベースにした BPS フォーミュレーション（Biopsychosocial Formulation; Campbell & Rohrbaugh, 2006）です。生物学的，心理的，社会的要因を組み合わせてクライエントの全体像を理解し，支援方針を導くフォームとして英米で大ヒットしたコンパクトで洗練度の高い枠組みです。

　横軸には①生物学的要因，②心理的要因，③社会的（環境）要因が置かれ，縦軸には個人の特性である④素因因子，問題を引き起こすきっかけとなる⑤誘発因子，問題を膠着させる⑥維持因子と，支援資源として活用可能な⑦保護因子が置かれ，1 シート 12 コマのマトリックスで構成されています。

　面接や行動観察で収集した情報を BPS フォーミュレーションの各コマに分類して記述することで問題が概念化され，その全体像を客体化することが可能になります。クライエントの問題は，1 シート 12 コマに圧縮・整理されて可視化されるのです。支援者は，全面接を通してこのマトリックスをより正確に埋められるように質問を振り出し，クライエントの問題とその変化をとらえます。熟練した支援者は，このようなマトリックスが頭の中に埋め込まれており，それが網羅されるように無駄なく質問を振り出していくので，短時間で問題の全体像を正確かつ科学的に理解することができるのです（表 4-4）。

　BPS フォーミュレーションでの問題整理の手順として，最初に概念化して理解すべき要因は生物学的要因としての個人の特性です。次に理解すべきは③社会的（環境）要因で，最後に心理的要因を整理します。人間の心理は可塑性に富み，状況に影響されて変化しているからです。状況は生物学的要因と社会的（環境）要因の組み合わせでつくられるので，これらの要因を理解していないと心理的要因を正確に理解することができません（Campbell & Rohrbaugh, 2006）。

　心理的要因に注目すると，誘発因子として，どんなきっかけが問題行動を引き起こしているのかが理解できるように質問し，その結果何が起きて維持因子となっているのかを整理すると，機能分析が容易になります。また，認知の歪みについても，誘発因子としてのスキーマの存在が理解できるように質問し，その維持因子として，どのような推論の誤りから問題行動が維持されているのかが整理されるとスキーマ分析が容易になります。

表4-4　Biopsychosocial Formulation（Campbell & Rohrbaugh, 2006 から筆者が和訳）

Factors	生物学的 Biological	心理的 Psychological	社会的 Social
素因因子 Predisposing factors ハイリスクな脆弱性	・気質・性質 ・発達障害 ・外傷性脳損傷や慢性疾患 ・家族の精神疾患歴 ・胎児期の発熱・妊娠中毒症・性病など	・家族の構造 ・愛着スタイル ・認知スタイル（脅迫的，完璧主義など） ・自己イメージ ・自尊感情の高低など	・貧困 ・保護者の社会的地位 ・保護者の精神疾患 ・差別 ・幼児期の夫婦間対立 ・家庭内DV ・親との気質の不一致など
誘発因子 Precipitating factors 症状を誘発するストレッサーや出来事	・病気やけが ・アルコール，薬物 ・妊娠やホルモンの変化など	・認知：核となる信念と認知の歪み ・感情の調整不全・機能不全 ・対人関係 ・葛藤と防衛など	・家族や友人の喪失・別離 ・対人的外傷 ・学業（仕事）の困難 ・経済的困窮など
維持因子 Perpetuating factors 問題を悪循環させるシステム	・慢性疾患 ・学習障害・認知機能の歪み ・精神疾患の治療の欠如など	・認知：慢性的に否定的な思考 ・役割の移行 ・対人関係での対立 ・トラウマの再現など	・家族関係の不和 ・発達的に不適切な期待 ・敵対・孤立 ・危険な環境など
保護因子 Protective factors 回復を促進する要素	・良好な健康状態 ・家族の精神疾患歴がない ・平均以上の知能 ・気さくな性質 ・特定の才能や能力など	・感情の調整力 ・メンタライゼーション（誤解を理解する力） ・ポジティブな自己意識 ・柔軟な思考力，内省力 ・すぐれた対処スキル，洞察力など	・前向きな家族・友人 ・協力的な支援環境 ・良好な対人サポートなど

4　アセスメント・支援方針策定とケースフォーミュレーション

　認知行動療法は，問題解決に焦点を当てた短期の心理社会的介入です。解決しない問題には悪循環が起きているので，アセスメントでは，機能分析とスキーマ分析に併せ，悪循環のメカニズムを明らかにします。悪循環こそ問題の解決を阻害する最大要因だと考えられているからです（Williams & Garland, 2018）。問題膠着の背景には，問題行動を維持する強化因子が存在しているはずなので，BPSフォーミュレーションでの9コマを精査し，縦列の素因因子，誘発因子，維持

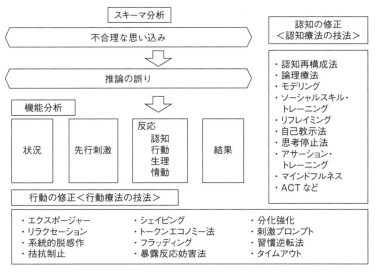

図4-3　ケースフォーミュレーション

因子の問題の循環プロセスにどのようなメカニズムが潜伏しているのかをアセスメントします。

　次に，支援方針が策定されます。これにあたり，アセスメントと並行してケースフォーミュレーションが作成されます。ケースフォーミュレーションとは，クライエントが抱えている問題がどのようなメカニズムで発生・維持されているのかについて，支援者が面接や検査，行動観察での結果を整理しながら行う個別情報の定式化です。

　認知行動療法では問題を悪循環の結果ととらえるため，その介入目標は，悪循環を断ち切ることに置かれます。したがって，ケースフォーミュレーションでは悪循環の構造を可視化させ，そこにどのような支援方略を用いれば循環を断つことができるのかを検討し，支援方針を導きます。支援方針の作成に際しては，支援者がクライエントと協力し，問題解決を導く見通しがもてるようにブレーンストーミングを行います。問題解決という共通目標のために，支援者とクライエントがブレーンストーミングを重ねてコラボレーションすることが認知行動療法の特徴であり，成功の是非はクライエントが自分の問題を理解して方針に納得し，能動的に取り組めるかどうかにかかっているのです（Corry, Townend, & Cockx, 2016）。

　ケースフォーミュレーションは，支援者の使い勝手によってさまざまなバリエーションをもち，多様に開発されてきましたが，本著では筆者が開発したフォーミュレーションを紹介します（図4-3）。

　なお，このような情報の整理に基づくアセスメントと支援方針策定の一連のプロセス（case formulation-driven cognitive behavioral therapy）は，認知行動療法の科学的メソッド（the scientific method）と称され，効率的ですぐれた結果が得られます（Persons & Tompkins, 2022）。

行動修正法
刺激の操作と分化強化

第5章

1　学習とは行動に変容が起きること：学習の強化と弱化

　パヴロフ（I. P. Pavlov）の研究以来，行動主義心理学の世界では，学習とは経験によって行動に生じる持続的変化のことだと考えます。たとえば学校で，チャイムが鳴って授業時間になったらクラスの自分の席に座って立ち歩きをしないことも，チャイムが鳴って休み時間になったら席を立って遊んでもよいことも，学習の結果身につけた行動です。

　行動を定着させるためには，学習を強化する強化子（きょうかし）が必要です。強化子とは，その行動を促進させる快刺激です。その行動を選択したときに，その人にとって都合の良いことが起きれば，それが強化子となって行動が強化され，実行頻度が高まります。たとえば，小学１年生の担任は，子供たちに学校でのルールを定着させる役割を担っていて，チャイムが鳴って授業時間になったらクラスの自分の席に着き，授業の準備をして待っているように教えます。それができたらほめたりご褒美にシールを貼るなどの報酬となる強化子を与えて行動を増やし（強化），行動をオペレート（操作）するのです。

　たとえば，筆者に仕事をさせるには，チョコレートとあんこが強化子として有効です。お菓子をちらつかせてくれれば，その報酬を楽しみに仕事に励むことができるからです。

　また，スクールカウンセラー（SC）としての筆者は，子供との初回面接で嫌われてしまったら，関係の修復がとても困難になることを何度も経験して学習しているので，なんとかクライエントとの親密な関係をつくることを考えます。そこで，年齢別のボードゲームを何種類か用意しておいて，会話での関係形成に苦戦を感じたら遊び道具を繰り出します。クライエントの子供たちがSCとのボードゲームを「楽しい」「おもしろい」快刺激として感じてくれたら，それが強化子となって関係形成が強化されるのです。

　筆者とのインテークを経て「あのスクールカウンセラーは面白くない」「スクールカウンセラーはわかってくれない」とクライエントが学習してしまった場合，その相談動機はしぼみ，来談行動が途絶えてしまうことも少なくありません。このように行動の頻度が減り，なくなってしまうことは行動の消去と呼ばれます。

　行動を消去するためには，クライエントにとって都合の良いことが起きる強化子（＝快刺激）をなくすか，罰（不快刺激）として作用する弱化子（じゃっかし）を与えることが必要です。

　筆者に仕事をさせなくするためには，お菓子や報酬を与えないか，仕事をすると不快な出来事に遭遇させればよいのです。筆者は，ヒッチコックの鳥という映画を観てから鳥恐怖が植え付けられました。それは，凶暴化した野鳥の群れが人間を襲撃するパニック・ムービーで，上映当時小学生だった筆者は鳥のクチバシでえぐられ血みどろになる人間の臓器や眼球を目に焼き付け，「鳥に襲われたら死んでしまう」という強烈な恐怖心を学習してしまったのでした。鳥といっても鶏肉や卵は好物なのですが，筆者はいまでも羽を広げた鳥やクチバシを見ると映画の襲撃場面をイメージし，

恐怖を感じます。この映画で「鳥に襲われたら死んでしまう」という誤学習をして以来，鳥との直面は筆者にとっての罰刺激となったのです。

2　刺激の操作と行動の修正

　筆者の友人の娘が中学生だった頃，その中学校での生徒指導主事は大島先生という 40 代男性の国語の先生でした。あるとき，友人宅に筆者がお邪魔していると，帰宅した娘が食卓で大島先生の果敢な活躍ぶりを嬉しそうに語りました。そのクラスには，自閉スペクトラム傾向をうかがわせるユウナさんがいて，集団に合わせることが苦手で主張が強いので敬遠され，孤立ぎみに過ごしていました。ユウナさんは，小学校の頃から時々持ち物がなくなり，級友にその所在が問いかけられることがありました。それは，中学 3 年のクラスでも頻発しました。

　ところが，ユウナさんのなくし物の所在を問いかけた担任に，クラス委員の男子が「それは，担任として僕たちを疑っているということですか？」と返してから，担任は問いかけを控えるようになり，すると持ち物隠しの頻度が増えたというのです。教師からの所在の確認という不快刺激（弱化子）の減少によって罰を受けるリスクがなくなり，もの隠し行動が強化されたのです。試験や教師の叱責などでクラスが緊張すると，お調子者でパシリ役を担っている級友がユウナさんの物隠しをしていることは，クラスでの公然の秘密だったのです。クラスでの異質感のあるユウナさんが困ることは彼らにとっての快刺激で，もの隠しはゲーム化されていきました。

　そんなある日，国語の時間になって大島先生が教室に入ると，ユウナさんが泣いていました。大島先生が問いかけると，ユウナさんの筆箱がなくなったことがわかりました。しばらく考えていた大島先生は，「オレが買ってやるから，もう泣かなくてもよい」となだめ，どんな筆箱で，どんな筆記用具が入っていたかを細かく聞き取ったそうです。そして翌日，大島先生は国語の授業に文房具店の紙袋を携えてやってきました。大島先生は「また何かなくし物が出たらオレが新しいのを買ってやるからいつでも言いに来いよ。オレは独身で面倒をみる家族がいないから，娘の代わりに買ってやるからな」とユウナさんに紙袋を手渡したのだそうです。それは，その町の商店街で一番おしゃれで高級な文具店の袋で，筆箱も筆記用具もユウナさんのなくし物よりずっとグレードアップされていて，女子生徒の羨望の的になりました。

　それからユウナさんの持ち物がなくなることは一度もありませんでした。これが見事な刺激操作であることを読み取っていただけているでしょうか？

　もの隠しの生徒たちにとって，不快感情を抱いているユウナさんが困ることは快刺激を得られる出来事です。ところが，ユウナさんのものを隠すと，隠した物よりも質の良い新品を買い与えてくれる大島先生が出現したのです。さらに，大島先生はユウナさんを「娘の代わり」だと特別な親和感を示しました。それは，ユウナさんを困らせて劣位に置くどころか，よろこばせて優位に立たせる結果となり，加害生徒たちにとってのもの隠し行動が快刺激ではなく不快刺激に転じてしまうのです。

　こうして，大島先生は生徒に訓示も叱責も与えず，担任の指導を否定も肯定もせずに，見事にもの隠しという生徒の不適応行動を消失させました。この顛末に，友人の娘をはじめサイレント・マジョリティーの級友たちは，大島先生の礼賛を始めました。大島先生は，当時の友人宅の食卓で最も頻出した登場人物だったのだそうです。当の大島先生が刺激の操作を意識していたとは思えませんが，なんと見事な行動療法であったことでしょう。

3　分化強化（Differential Reinforcement：DR）と行動の修正

　分化強化とは，行動を適応行動と不適応行動に分化してとらえ，不適切な行動を消去し，適切な行動を強化して，適応行動を増やして不適応行動と置き換えていく方法です。複数の行動が同時に操作対象となり，一方の反応は強化し，他方の反応は弱化します。Differential（代替の）Reinforcement（強化）なのですから，メインの操作は問題行動の消去ではなく，代替行動の選択と強化です。

　また，強化の方法には，快刺激を与える場合と不快刺激を消失させる場合の両方があり，弱化の方法には，不快刺激を与える場合と快刺激を消失させる場合の両方があります。

　たとえば，筆者の娘は3歳のときに初めて食べたイカの刺身がとても気に入り，大量に食べて蕁麻疹を出したことがあります。そこで，それからは食感が似ているタコの刺身を細く切って食べさせていた時期がありました。アレルギー反応の出ないタコの刺身を食べるという代替行動に「おいしいね」「よかったね」と強化することで，蕁麻疹という不快刺激を伴うイカの刺身の食行動を消去したのです。

　たとえば，「王様の耳はロバの耳」はイソップ物語の有名な寓話です。ギリシャ神話に登場するミダス王は，神様を怒らせてロバの耳にされてしまいました。そのため，耳を隠して頭巾をかぶり続けていましたが，お城に散髪に呼ばれた床屋は王様の秘密を知り，口外すると死刑だと脅されて帰宅します。口止めされた床屋は罰刺激を怖れ，誰かに話したくなる衝動を我慢する代わりに森の奥に穴を掘り，その穴の奥に向かって「王様の耳はロバの耳」と叫びました。それは，秘密を口外するという不適切行動をコントロールするために床屋が自ら考え出した代替行動です。そこには，口外した場合の死刑を免れるという好都合が存在しています。そのため，王様づきの床屋は，自分の中に秘密をしまっておくのが難しい状況になったら，森に走って穴に叫ぶという代替行動を強化し，死刑の対象となる口外行動に対する衝動を弱化して，行動を自己修正していたのです。

4　小学校の授業場面での活用例

　ミサコ先生は，学級経営手腕に定評のあるベテランの小学校教師で，毎年難しい事例の担当を依頼されていました。その年の依頼は，3年生のアオトくんのクラスでした。アオトくんは，2年のクラスで頻繁にヤジを飛ばし，それに耐えられなくなった担任が辞表を提出して，管理職を慌てさせた渦中の子供でした。2年での担任は，若くかわいい女性の先生で，アオトくんは注目してほしい一心で授業中にいろいろなヤジを飛ばすようになったようです。

　ある日の授業中，アオトくんが担任との応答の中で「アソコ臭い」と股間を指差すと，先生と級友が一斉に爆笑し，笑いの渦の中で楽しく休み時間を迎えたことがありました。それから「アソコ臭い」は，アオトくんが授業中に飛ばすヤジの定番になりました。「アソコ臭い」と叫ぶと皆がどっと笑うだけでなく，反応に窮する担任の様子が面白いので，アオトくんに呼応する男子が続出して級友との連帯感を実感できたのです。アオトくんは，クラスの中心にいられる心地良さを味わっていました。

　ところが，こうしてアオトくんのヤジに仲間の揶揄が加わるうちに，担任は返答に窮したまま男子集団の喧騒に巻き込まれて授業が中断されるようになりました。やがて，アオトくんには授業を中断させる斬り込み隊長としての役割が期待され，級友の期待が強化子となって授業妨害行動が強化されました。「アソコ臭い」と言うだけでは担任の関心が惹けなくなると，立ち上がって股間を

指さしたり，パンツの中に入れた手の匂いを嗅いで見せたり，時にはパンツから性器を出して見せることもありました。その度にクラスは沸き立ち，喧騒はエスカレーションを起こして授業が崩壊し，若い担任は辞表を提出してしまったのでした。

　3年生での担任となったミサコ先生は，始業式のその日のうちに，集団ルールが身についていないマナーの悪さを感じたそうです。子供どうしが目配せしながら呼応し合って湧き上がる喧騒の中には，担任の対応が試されている意地の悪さも感じられました。

　そこでミサコ先生は，学級集団との駆け引きをしてみたというのです。始業式の後，書類を職員室に届けに行ってくる間は自由に騒いでもいいので，その代わり先生が教室に戻ってきたら，自分の席に座って静かにできるかどうかと皆に問い，その約束をしたのだそうです。両隣のクラスの担任には，教室のドアをノックして事情を伝え，彼らが騒いでもわずかな時間なので，クラス開きの親睦の意味も含め大目に見てやってほしいとお願いをして職員室に行きました。担任の一連の行動が注目され，偵察されていることは織り込み済みで，ミサコ先生はクラスの子供たちを信頼して周囲のクラスに配慮要請をする役回りを自作自演したとのことでした。

　ほどなく教室に引き返すと，案の定廊下にはアオトくんを含む複数の見張りがいて，ミサコ先生が教室のドアを開けると，果たして全員が静かに着席していたのだそうです。
「ちゃんと約束を守って静かに座る選択をして待っていてくれた皆さん，先生は皆さんのこの行動を心からえらいと思います。皆さんが選択してくれたこの行動は，とても尊敬できる行動です。先生は，メリハリのある皆さんのクラスを担任できて，とても誇らしく思います。1年間どうぞよろしくね」。

　ミサコ先生は，静かな着席がそれぞれの意思で選択された行動であることを強調し，適応行動の選択を賞賛して強化したのです。子供たちにとって，行動とは自分たちの意思による選択の結果という意味づけが与えられました。

5　問題行動を強化している刺激は何か

　翌日の授業で，アオトくんが「アソコ臭い」と騒ぎ出したときは，すでにミサコ先生には受けて立つ算段が立てられていました。

アオト：先生，アソコ臭い……アソコが臭いんです（クラス笑）
担　任：アソコってどこが臭いの？
アオト：チンポ（クラス爆笑）
担　任：お風呂で洗わなかったの？
アオト：洗ったけど，臭い。ほら，嗅いでみて（クラス爆笑）
担　任：どれどれ？先生には臭くないよ
アオト：臭いよ，もっと鼻を近づけてみて（クラス爆笑）
担　任：（鼻を近づけて）先生には臭くないなーー
アオト：出してみる？（クラス爆笑）

　アオトくんの挑発は巧みで，うっかりこれに乗ってしまうと，クラス全体が授業の中断パターンに巻き込まれていくことが，ミサコ先生にも実感できました。授業を中断させてクラスを巻き込ませないためには，アオトくんの土俵に乗り続けているわけにいきません。

担　任：降参！先生は降参です！！先生はアオトくんに降参ですが，いま授業中で大事なところを
　　　　説明しようとしてるので，5分だけ！静かにしていられない？5分って結構長いんだけど，アオ
　　　　トくんは静かに座っていられるかな？　もし，5分静かにしていてくれたら，先生も休み時間に
　　　　一緒に「アソコ臭い」って言ってあげるから（クラス大爆笑）
アオト：5分？できるよ！簡単！！（ミサコ先生の挑発に乗ったアオトくん）
担　任：本当？じゃあ，よろしくお願いね
　　　　　　（1分経過）
担　任：アオトくん，君えらいねーー，ちゃんと約束を守って静かに座っていられて
アオト：当たり前だよ
担　任：本当？　なんてえらいの！
　　　　　　（2分経過）
担　任：アオトくん，静かにしていられるねー，えらいぞ
アオト：楽勝，楽勝！
担　任：すごいねーー
アオト：あったりまえだし

　こうして1分置きに「静かに座っている」適応行動をほめられて強化されたアオトくんは，5分
間静かに座り続けていることができました。

担　任：アオトくん，本当に約束を守ってちゃんと静かにしていられてすごいよ！先生は，ほんと
　　　　は無理だと思っていたんだよ。皆，このお利口なアオトくんに拍手（クラスで拍手）
アオト：（照れまくり）
担　任：あと5分で授業が終わるんだけど，どう？　アオトくん，最後まで頑張れる？
アオト：できるよ
担　任：ほんと？　すごいねーー
アオト：あったりまえだろ。先生，授業中は静かにしているのが普通なんだよ
担　任：そうか，このクラスはやる時はやれるメリハリのあるクラスだもんね。昨日もそれがよく
　　　　わかったし，ほんと先生はこのクラスの担任ができて嬉しいよ。皆，授業でわからないことが
　　　　あったらいつでも遠慮しないで聞いてね。それではあと5分だけですから，よろしくね

6　分化強化：代替行動の強化と問題行動の弱化

　それからチャイムが鳴るまでの5分，ミサコ先生は，時々アオトくんの頭や背中を撫で，静かに
できていることをノンバーバルに讃えていました。わずかに撫でられただけなのに，この間，アオ
トくんを含め誰もうるさくする子供はいませんでした。チャイムが鳴ると，ミサコ先生はすかさず
言いました。

担　任：皆さん，実は先生はこんなに全員が揃って静かに授業を受けてくれると思っていませんで
　　　　した。でも，昨日からの皆さんの正しい行動の選択を見て，本当に良いクラスで，あらためて皆
　　　　さんのことが大好きになりました。ありがとう。それでは3時間目も一緒に勉強しましょうね。
　　　　アオトくんは，先生のところに来てね
アオト：どうして？

担　任：休み時間になったんだから，約束通り一緒に「アソコ臭い」って言おう！
アオト：いいよ

　二人は，しばらくの間「アソコ臭い」を唱和していましたが，ほどなくアオトくんは「やっぱオレ遊んでくる」と教室を飛び出しました。次の休み時間も，ミサコ先生はアオトくんに「一緒に『アソコ臭い』って言おう」と誘いましたが，アオトくんは断りました。昼休みも同様です。ミサコ先生と「アソコ臭い」を唱和するのは楽しかったのですが，そんなことをしていたらせっかくの休み時間に遊べなくなってしまうのです。級友に注目され，担任を翻弄する快刺激であった「アソコ臭い」は，いまや休み時間にアオトくんを教室に拘束する不快刺激に転換されていたのです。

　アオトくんは，次の授業から「アソコ臭い」と言うのをやめました。静かに座っているアオトくんには，ミサコ先生がふんだんに賞賛を与えてくれるので，「アソコ臭い」とヤジを飛ばす必要がなくなっていたのです。また，ミサコ先生の授業はおもしろく，習得度に個人差があっても取り組めるように課題の出し方が工夫されていました。やがて，授業がおもしろくて理解でき，やればできるという学習効力感もアオトくんの報酬となり，授業妨害は完全に消失してしまいました。

　クラスで問題が発生しているとき，子供たちは，問題を起こす当事者とそれを静観するサイレント・マジョリティーで構成されています。サイレント・マジョリティーは，問題場面での当事者の子供の振る舞いと教師の対応を冷静に観察しているのです。担任は，クラスの危機に対してどんな対応をしてくれるのか，有事に庇ってくれるのか責任を転嫁して怒るのか，自分たちを守る力があるのかないのか，自分たちにとって敵なのか味方なのか，この担任についていく価値があるのかないのかなど，シビアに観察して判断しています。学級が荒れ始めてから学級崩壊にいたるプロセスでは，必ずサイレント・マジョリティーが担任離れを起こしています。それは，日常の問題場面での指導を観察した経験の蓄積結果なのです。

　ミサコ先生のクラスの子供たちは，過激なヤジをとばしてきたアオトくんへの対応を観察し，その行動をコントロールした担任を評価し，リスペクトしました。そのため，皆が担任の期待にかなう行動を選択しようと考えるようになり，クラスはミサコ先生の願いを投影して活発でメリハリのある集団に育っていきました。

7　問題行動の背景にADHDが予測された場合

　ミサコ先生が最も警戒していたのは，アオトくんの問題行動の背景にADHDが潜んでいる場合でした。2年生での担任は退職してしまったので，1年生での担任に当時の様子を聞きました。すると，ちょっとやんちゃでわんぱくだけれど，勉強もできないわけではないし，落ち着きがないわけでもないので，きっと2年生では調子に乗り過ぎたのだろうとの意見でした。ADHDは発達障害なので，もしそうなら幼児期からずっと継続して落ち着きがなく，抗いようなく湧き上がる強い衝動性に支配されているはずなのです。ミサコ先生は1年時の担任の話を聞いて，ADHDなど発達障害の可能性は低いだろうと考えました。おそらく若い担任を惹きつけるためにヤジを飛ばし，それが注目を集めてしまったために不適切行動が強化されたのだろうと予測されました。

　本事例の機能分析を行い，刺激⇒行動⇒結果という構造にあてはめて考えると，アオトくんにとっての先行刺激は，授業中に退屈になることです。その時に「アソコ臭い」と発信すると，皆がどっと笑い，すかさず呼応する男子が出現してクラスに活気が湧くのです。ヤジの飛ばし合いが始まると授業は中断され，子供たちは学習をエスケープできるので，この一連の行動がゲーム化され，アオトくんの「アソコ臭い」はそのトリガーとして級友の期待を集めるようになりました。級友の

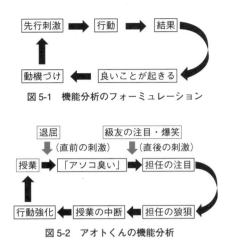

図 5-1 機能分析のフォーミュレーション

図 5-2 アオトくんの機能分析

期待や相乗りがアオトくんの授業妨害行動を強化していたのです。

若い担任は，問題行動を叱責や無視で制御しようとしましたが，アオトくんはこれに対抗し，声を張り上げて連呼したり，パンツを脱いでアピールしたり，問題行動は逆に強化される結果となりました。そして，アオトくんに呼応する級友が増えるにつれて，これらの授業妨害を統制できない担任に対する反逆行動がクラス全体の快刺激となってエスカレーションを起こしたのです（図 5-1, 2）。

一方，ミサコ先生は，「アソコ臭い」という授業妨害行動の代替行動として，5分だけ「静かに座っている」という適応行動を提示しました。そして，この適応行動が遂行されると1分ごとに称賛（報酬）を与え，行動継続を強化しました。5分間静かに座っていることができたアオトくんは，担任の賞賛だけでなく，クラス全体から拍手を贈られ，照れまくりの嬉しい悲鳴をあげました。さらに引き続き「静かに座っている」という適応行動の継続が課されましたが，それはアオトくんにとって問題児から良い子に変貌を遂げるプロセスだったため，抵抗は示されず積極的に実行されました。あと5分，静かに座っていられるかという担任の問いかけに対する「あったりまえだろ。先生，授業中は静かにしているのが普通なんだよ」との回答が，短時間のうちに生じたアオトくん自身の認知の修正を象徴しているといえるでしょう。

誤学習の修正は，次の休み時間のたたみかけでさらに強化されました。ミサコ先生は「授業中の発言を我慢できたら休み時間に先生も一緒に言ってあげるから」と，「先生も一緒」という注目と独占の報酬を与え，禁止ではなく時間の置き換えをして休み時間に「アソコ臭い」を唱和したのです。しかし，それは，休み時間の自由遊びを制限する罰（弱化刺激）の役割を果たしたため，アオトくんの授業妨害行動は，静かに座っているという代替行動への報酬（強化刺激）との相乗効果で消失するにいたりました。

8 問題行動を悪化させる分化強化の誤った使い方：発達障害が予測される場合

このような授業妨害の事例に多くみられるのは，ミサコ先生が警戒したように背後に発達障害が潜伏している場合です。発達障害とは，脳内のいずれかの能力に恒常的な機能不全が生じている状態で，個人の能力の中に凸凹が認められる事例も少なくありません。そして，この凸凹が極端であるほどバランスが崩れやすく，本人は適応に苦しみ，さまざまなトラブルを起こします。先行刺激として，一斉指導に対する学習の困難が存在する場合の授業妨害行動は，決して注目を集めたいだけの動機ではありません。

たとえば ADHD の子供は，湧き上がってくる衝動性を抑制できないという生物学的な問題を抱えているので，その困難に対する支援が必要です。ADHD は，集中課題を提示されると緊張から脳の前頭葉や側頭葉が硬直する特性がありますから，まずはその治療が最優先の課題です（Amen, 2001）。なお，ADHD および ADD のメカニズムと治療効果については Amen（2001）に詳述されているのでご参照ください。

また，子供によっては板書を読み取ってノートに再現する処理速度や短期記憶に課題をもっていたり，図形の読み取りなど特定の学習に困難をもっている場合もあります。読み書き障害では，文

字の左右のつくりが理解できなかったり，意味をとらえたり行送りがスムーズにできません。算数障害では数字の処理につまずきます。知的障害の場合は，学習の抽象度が上がると理解が困難になります。いずれの発達障害でも，子供たちは一斉授業に苦戦しています。

　発達障害の有無にかかわらず，もし一斉授業での学習が理解できないという問題が背後に存在するのだとしたら，「静かに座っている」などの代替行動に注目して賞賛してもごく一過性の効果しか得られません。本質的には，一斉授業に並行する合理的配慮や個別の学習支援が求められているのです。

9　強化対象の適応行動を提示せずに問題行動を消去しようとした場合

　教育委員会などの研修で行動療法を学んだ教師から「学校現場で活用してみたら却って悪化した」と相談されることがあります。たとえば，教育相談係のサチエ先生は，問題行動を叱責すると，それは注目という強化を与えることになるので，その行動を消去するためには，問題行動に注目しないという理論を研修で学びました。サチエ先生の学校では，5年生のクラスが荒れていて，その中心では昨年まで不登校だったトモヤくんが担任に激しいヤジをとばしていました。担任は「叱らずにほめて育てる」をモットーにしている若手中堅のミオ先生で，本当は自分を慕ってくれているトモヤくんをなんとかなだめようと必死でしたが，クラスはいつも騒然としていました。

　サチエ先生は，問題行動を叱責するなど注目してしまうと，子供の注目願望が満たされ，報酬を与える結果となって行動を強化するので無視すべきだと助言しました。ミオ先生は，その助言どおりにトモヤくんの問題行動を無視してみましたが，いくら無視を続けても，問題行動はおさまるどころかどんどんエスカレートしていきました。机の下にうずくまるトモヤくんを無視していると，教室を立ち歩いて教卓の下にうずくまり，さらに無視を続けると，教室の窓を開けて窓枠によじ登りました。ミオ先生は思わず窓に駆け寄り，トモヤくんの体を抱きとめました。3年生のクラスは校舎の3階にあるのです。すると，次の時間からトモヤくんはすかさず窓枠によじ登ったり，階下に向かって飛び降りようとするようになりました。ミオ先生が無視せずに注目する行動を学習した結果の行動の選択だったのです。

　ミオ先生からの相談を受け，困ったサチエ先生は管理職に相談しました。それが単なるパフォーマンスだとわかっていても，3階教室の窓枠によじ登ったり飛び降りようとする児童の行動を止めないわけにはいかないと管理職は判断しました。万一の事故が起きた場合，その責任は学校に所在するのです。そこで，担任をもっていないサチエ先生がミオ先生のクラスに応援に入ることになりました。ミオ先生には一斉授業を進めてもらい，サチエ先生がトモヤくんの行動を制止する役割を担いました。サチエ先生は，窓枠によじ登るトモヤくんを制止して別室に連れて行き，それがいかに危険な行為であるかを言い聞かせ，その日はつきっきりで指導をしました。

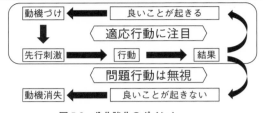

図5-3　分化強化のポイント

(1)行動強化は問題行動ではなく適応行動におくことが重要
(2)適応行動の強化オペレーションなしに，問題行動を無視した場合，子供は嫌悪場面での無視という行動を学習し，結果的に教師が無視の対象にされ，学級崩壊を招きやすい

サチエ先生の制御は成功し，トモヤくんはそれから静かに座っていられましたが，翌日から登校しなくなりました。その様子をみて，サチエ先生が出した結論は「認知行動療法は学校現場には向かない」というものでした。

しかし，果たしてそうなのでしょうか。分化強化とは，問題行動を消去する代わりに適応行動を強化する方法なのに，サチエ先生の助言には問題行動の消去だけが強調され，本来の主役となるはずの適応行動の強化が欠落していました。それでは，どのような適応行動を提示すればいいのでしょう。

トモヤくんの不登校をさかのぼると，2年での九九の未習得がその中核にありました。これを機能分析すると，先行条件として一斉授業での学習困難があり，授業を理解できない苦痛と退屈から妨害行動を起こしているわけですから，ミオ先生の注目や賞賛だけでトモヤくんの困難は解決しようがないのです。九九未習得の子供が5年生の算数の授業に耐えられないのは，火を見るより明らかです。本来であれば，九九未習得の子供を一斉指導から取り出し，やってみればできる不安のないレベルの学習環境の中で，教科書を読んだらほめたり，問題に取り組んだらシールを貼るなどして適応行動を強化することが求められるでしょう（図5-3）。

同じ研修を受けたチエ先生も，同様のトラブルを抱えていました。授業中にユナさんが，「トイレに行きたい」と申し出たとき，いつもなら一定の時間が経過しても教室に戻らないとトイレに迎えに行くのですが，その注目が問題行動を強化させているのではないかと考え，迎えに行くのを控えました。すると，ユナさんが授業中にトイレに行きたいという頻度は高まり，さらに戻ってくるまでの時間も長引くようになりました。ユナさんは，トイレに行けば授業を回避して自由に過ごせることを学習したのです。

そしてある日，算数の授業中にトイレに行ったユナさんは，チャイムが鳴っても教室に戻ってこなくなってしまいました。校内を探してもチエ先生だけでは見つけられず，手の空いている先生総動員で校外まで探すことになり，チエ先生も「認知行動療法は学校現場には向かない」と，研修を恨めしく思っていました。

ところが，ユナさんの様子を詳しく聞くと，算数がとても苦手で，算数の授業になるとトイレに行きたいとの申し出が頻繁に起きていることがわかりました。この事例では，算数での学習困難をとらえずに，ユナさんの問題行動を考えることはできません。ユナさんの知的能力をアセスメントし，就学指導や取り出し指導などの合理的配慮を行ったうえで，学習に対する適応行動を強化することが求められます。問題行動を無視するだけでは，その行動を消失させることはできないのです。

日本の公立小中学校で，通常学級の中に存在する発達障害児は8.8パーセントに上ると発表されました（文部科学省，2022）。しかし，現場の実感はその2倍とも3倍ともいわれています。彼らの学校適応を支えるためには，特別な配慮や支援が求められるのです。その一方，一斉指導を前提とする日本の学校教育の中で，もはや少数とはいえないグレーゾーンの子供たちに個別学習支援を成立させることは非常に難しい課題でもあります。残念ながら，こうした一斉指導の限界が教師の疲弊と無力感を増幅させ，日本の学校臨床の深刻度を高めています。個別の問題解決方略と併せて支援システムの転換が求められる今日でもあるのです。

行動形成法
シェイピングと課題分析

第6章

1　シェイピングと課題分析

　シェイピングとは，形成対象の行動について，目標達成までを小さな段階に分けて設定し，各段階での達成を図りながら少しずつ行動を拡大させ，最終的に目標行動を形成させる方法です。そのためには，目標とする標的行動にたどり着くまでの行動を細分化し，スモールステップでの段階に分けた課題（行動スケジュール）の作成が求められます。これを一覧表として整理したものが課題分析です（Skinner, 1953）。

　行動形成の手順の第1は標的（目標）行動の設定で，クライエントが環境に適応するために損なわれている行動を同定（特定）し，支援の目標として設定します。第2に，その行動について，できるだけ細分化された構成要素に分解します。第3に，クライエントに合わせてスモールステップに分けた課題を作成し，セッションのたびに課題の達成を確認し，微修正を繰り返しながら目標達成を目指すのです。

　たとえば「歩く」という行動について，歩行機能が未発達の赤ちゃんが歩けるようになるまでには，どのようなプロセスがあるのでしょう。生まれたての赤ちゃんは，寝かされていて自力で動くことはできません。でも，首の関節が座ると①首を動かすことができるようになります。次に，背中と腰の関節が座ると②寝返りを打てるようになります。③お座りもできるようになります。お座りができたら，④四つ這いになってハイハイで移動します。ハイハイで手足の筋力がついたら，次には⑤つかまり立ちができるようになり，何かにつかまらなくても⑥一人立ちができるようになり，ついに⑦「歩く」ことがかないます。もちろん最初はよちよち歩きですが，だんだん上手に歩けるようになっていきます。見事なスモールステップ・プロセスですね。リハビリテーションでは，「歩く」という機能を失った患者には，歩行回復のための機能訓練が行われます。歩行行動にいたるまでの①～⑦の課題を細分化し，その人ができる行動を起点にして，低次の課題からスモールステップで行動を強化し，学習させるのです。

　たとえば，ゆで卵を作る時の課題分析は以下のような感じです。①鍋に卵を入れる，②卵がかぶるくらい水を入れる，③塩を入れる，④鍋を火にかける，⑤黄身が真ん中になるように時々卵を回す，⑥沸騰して5分後に火を止める，⑦冷水に入れて冷ます，⑧ザルに上げる。

　このような課題分析を問題に応じてクライエントと話し合いながら作成するのです。課題分析ができれば，あとは最終的な行動形成を目指して行動を強化し，スモールステップでの達成を繰り返して目標行動に到達すればいいのですから，理論上はどんな行動でも形成させることが可能です。

　それがどんな行動であっても，強化刺激の工夫によって誰にでも形成できるというのがワトソンやスキナーの主張でした。スキナーはその証明として，ハトに卓球を学習させたのです。ところが現実のクライエントに行動形成をプログラムするのは，決してたやすい仕事ではありません。動物実験のスキナー・ボックスと違って，生身の人間の世界は刻々と状況が変わり，これに伴って気分

も変わり，相談室では予期されなかったさまざまな出来事に振り回されることになるのです。

　面接の手順としては，形成対象の目標行動を決めたらそれを細分化して課題分析を行います。そして，クライエントとの話し合いの中で1回のステップでの分量を決め，次のセッションまでの課題（行動スケジュール）を設定します。さらに，行動を強化するための強化子として報酬を決め，次回面接までの課題を申し合わせます。

　次の面接では，前回で話し合われた行動スケジュールがうまくいったのかどうかを聞き取ります。うまく運んでいたらコマを次のスモールステップに進めます。もしうまくいかなかったら，作成されたスケジュールのどんな点に問題があったのかを詳細検討し，次回までのステップを再設定するのです。課題のステップが大きすぎて無理が生じている場合，組まれたスケジュールが粗すぎてうまく乗れない場合，強化子（報酬）に魅力が不足している場合，計算外の環境要因や予期せぬアクシデントに見舞われた場合，本当はクライエントが行動形成を望んでおらず目標がズレている場合など，さまざまな要因が絡み合っているはずです。面接のたびに課題の達成を確認し，達成可能な行動スケジュールを調整するのが支援者の役割です。

　こうしてクライエント仕様の行動スケジュールが作成されると，その達成に伴って行動が形成されていくのです。

2　自室にひきこもる男子生徒の母親からの相談依頼

　5月半ばの午後，中学校の相談室にSCを訪ねた母親によると，3年生のリンタロウくんは，1年の9月から現在までずっと自室にこもっていたそうです。欠席の前日まではいたって普通に登校し，成績も良好で運動部の練習にも参加し，塾に行ったりゲームをしてリビングでテレビを見ていたのに，ある日不意に朝起きてこなくなり，声をかけても具合が悪いから登校しないの一点張りで塾にも行かず，受診を勧めても聞き入れず，自室にこもって昼夜逆転の生活となりました。困った母親が学校に相談すると，担任にも思い当たる出来事は何もないとのことで，電話や家庭訪問をしてくれましたが，本人はまったく応じませんでした。

　母親は専業主婦でしたが，本人は家族を避けていて，母親が買い物などでいないすきをみては食糧を自室に持ち込み，一人で食べているらしいので，母親は，むしろ母親不在の方が自由にくつろげるかもしれないと思い，10時から14時までのパートタイマーを始めたそうです。

　母親がパートを始めた中学2年の4月頃から，リンタロウくんは誰もいないリビングで食事を摂るようになり，母親が戻る頃に自室に引き上げるようになりました。母親がリンタロウくんの分を取り分けておくと，夜中に一人で夕食も摂り，入浴もしている様子でした。幼少期から一度言い出すと，意固地なほど自説を曲げないので，両親で申し合わせて何も言わず，多めに食糧を買い置くと，リンタロウくんがリビングで過ごす時間は少しずつ長くなりました。現在は，母親が帰宅しても，そのままリビングでテレビを見ている日もあり，お茶に誘うとテーブルでいっしょにお菓子を食べるようになったのだといいます。

　3年生に進級した4月，母親は好物のお菓子を用意して高校はどうするのか問いかけてみたそうです。それまでのリンタロウくんは，ちょっと真面目なことを問いかけるとすぐに自室に引き上げていたのに，お菓子に視線を置いたまま「高校には行きたい」と答えが返ってきて，母親には手応えが感じられました。

　ところが，始業式から何日経ってもリンタロウくんに登校の気配はありませんでした。担任に事情を伝えると，大歓迎で待っていると言ってくれるのですが，本人は無表情に受け流します。それが何を意味していて，これからどうしたいのか，母親は狂乱しそうな自分を抑え，息子がまた殻を

閉ざしてしまわないように SC に相談に来たとのことでした。

　筆者は，母親の話を聞き，いきなり学級に登校するのは難しいのではないかと投げかけました。普通の生徒にとって，登校とは朝の会から帰りの会まで自分の所属学級の活動に参加していることをいうのです。現状のリンタロウくんの体力で，それが実現できるものだろうかと問いかけると，母親もそれは無理だと即答しました。そこで，筆者は母親とともに登校が実現するためには，どのようにすればいいのか話し合いました。

　母親は，14時半過ぎにパートから帰宅するので，それから自家用車に乗せて学校に連れてくれば，登校しやすいのではないかと筆者に提案しました。母親の車送迎での午後の登校なら，昼夜逆転のリンタロウくんにも現実的に思われました。そこで筆者が，まずは翌週の15時に相談室に登校してみることを提案すると，母親も賛同しました。母親の車送迎での相談室への短時間の午後登校を起点に，少しずつ登校時間を増やしていけばいいのではないかと，母親と筆者の意見が一致しました。

　そこで，リンタロウくんを相談室登校へと促すために，どうやって行動動機に訴えればいいか母親と知恵を絞りました。母親は，思いあまって SC を訪ねたこと，SC は毎週木曜に出勤して学級とは別棟の相談室にいるので，まずは相談室を登校の練習台として午後に短時間登校し，そこから登校を増やす方法を探ってはどうかと話し合ったこと，相談室では高校入試対策として母親も交えて四文字塾語カルタに取り組み，ひとまず四文字熟語を攻略してはどうかと SC が誘っている旨を伝えてもらうことになりました。四文字熟語カルタは筆者の息子の高校受験の勉強道具だったのです。

　担任は，新卒で採用され，初めて受け持つ学級でそのまま3年まで持ち上がった若い男性でした。リンタロウくんの様子を尋ねると，成績優秀で何も問題がなかったはずなのに，突然登校が途絶えたこと，自分にできることは何でも支援したいという意欲が語られました。

3　初回面接：抵抗の強い生徒との関係形成

　翌週の木曜日の午後，母親が自家用車でリンタロウくんを相談室に連れてきてくれました。こわばった表情のリンタロウくんからは，義理で登校したものの意地でも SC とは口をきかないという決意が伝わってきました。そこで筆者は自己紹介をし，すぐに四文字熟語カルタに誘いました。筆者の息子が高校入試対策に使っていたことを伝えながらカルタを並べ，読んだ方が覚えられるからと読み札を SC と母親とリンタロウくんとで三等分し，輪読することにしました。筆者が読み札を読み上げると，母親が必死にカードを探し「はいっ」と取ってくれました。もちろん筆者も参戦しました。自分の順番がくると，リンタロウくんも読み上げてくれ，大人たちが手加減をしていないことを見極めると，最後の方でカードを取り，カルタに参戦を始めました。いかにも平静を装う気丈な母親は，息子の参戦に安堵し，「よかった，連れてきて」と感極まって涙を流しました。能力とプライドの高い中学生は大人の手加減を嫌うので，筆者はあえてペースを崩さず読み札を読み続け，彼もいかにも平然とカードを探しました。

　途中から生徒を下校させた担任が顔を出してくれたので，歓迎のリベンジマッチを行いました。筆者は，担任にカルタをしながら質問しました。担任は数学の教師で，体育との二択で悩みに悩んで数学課程を選択したこと，中学・高校時代は野球部で甲子園を目指していたこと，中学校での野球部の顧問に憧れて教師になったのに，いざ新任校に赴任するとベテランの先輩が顧問をしていて，バドミントン部の担当になったことなどが語られました。支援者の自己開示は，会話を通して人間関係を近づけるだけでなく，クライエントの人間関係づくりのモデルを担うのです。担任の率直な

自己開示は，リンタロウくんの心をほぐしていきました。

　筆者は1時間弱でカルタを切り上げ，リンタロウくんに問いかけました。

筆　　者：「来週もこんな調子で四文字熟語の攻略をしたいのですが，どうですか？」
リンタロウ：「まあ」
筆　　者：「まあ，ってのは，来週も来て攻略してみましょうってこと？」
リンタロウ：「まあ，そんな感じです」
筆　　者：「それでは，リンタロウくんの意思も確認できたので，来週も同じ時間にお待ちしていますね」

　これでリンタロウくんの来談は，受動から能動へとリフレイミングされました。リフレイミングとは，物事をとらえる枠組みを変えて状況の意味づけをポジティブに反転させる技法です。

4　第2回面接：目標設定と課題分析・行動スケジュールの策定

　母親の車で来談したリンタロウくんは，前回とは別人のように表情が柔和で，四文字熟語カルタにも積極的でした。そこで，カルタを2回やった後に筆者はリンタロウくんに問いかけました。せっかく再登校を果たしたのだから，どんな目標にたどり着きたいのか，そのために支援できることを探りたいと。

　すると，リンタロウくんはしばらく考え，言葉を選びながら「高校に進学したい」と語りました。春休みに進学の意思を母親に伝えて再登校も決意し，担任も歓迎してくれましたが，実現は厳しかったことが語られました。1年生夏以来の不登校期間に学習をしておらず，3年の教科書を見たら手も足も出ない自分に怖気づいたというのです。引きこもってゲームばかりしていた自分に比べ，授業と塾と自宅学習を積み上げてきた同級生はどれほど進化しているのかと考えると不安しか湧かず，とても登校などできなかったとのことでした。

　途中から加わった担任がリンタロウくんに投げかけました。

担　　任：「志望高校はあるのか？」
リンタロウ：「3年の教科書を見たら，英語と数学がまったくわからないので，むしろこれでも高校に行けるのか教えてほしい」
担　　任：「高校の偏差値は幅が広いので，入れる高校は必ずあるよ。リンタロウくんの頭の良さは知っているから，これから頑張って追い上げよう」

　リンタロウくんに檄を飛ばし，担任は学級復帰を誘いましたが，筆者が担任を止めました。学級復帰を本気で求めたゆえのリンタロウくんのシミュレーションが，現実復帰にストップをかけて迎えた現状です。もし学級に復帰してシミュレーションが的中し，級友との落差に直面した場合，リンタロウくんのダメージは大きく，PTSDリスクも含め簡単には立ち直れなくなってしまうでしょう。また，約1年半のひきこもりと昼夜逆転生活は筋力を低下させており，体力の限界値の予測も必須でした。体力と気力の限界は表裏一体の関係にあり，体力が尽きたらバーンアウトを招くことになるのです。

　相談室への来訪も再登校の一部なので，せっかく果たした再登校を高校進学に結びつけるにはどうすればよいだろうかと筆者が投げかけました。どんなことができるようになれば高校への適応が

かなうのだろうかと。リンタロウくんが真剣に考えながら答えました。

リンタロウ：「勉強に追いつけるかどうかと，あとは朝起きて学校に行けるようにならないと，もし高校に受かっても通えるようになれないと思う」

筆　者：「なるほど，確かにそうだよね。つまり，高校への通学を目標に設定するとしたら，起床と登校と学習がセットでできるようにならなければいけないってこと？」

リンタロウ：「うん，そうだと思う」

筆　者：「いまは何時に起きてるの？」

リンタロウ：「大体10時と11時の間くらい」

筆　者：「何時に寝るの？」

リンタロウ：「大体3時とかそのくらいだけど，1時とかの時もある」

筆　者：「なるほど，じゃあ，まず第1段階の目標として朝10時に起きられる？」

リンタロウ：「10時？ それならできる」

筆　者：「そして，来週も午後3時に相談室に来られる？」

リンタロウ：「それは来られるけど，木曜以外も来れると思う」

担　任：「じゃあ，帰りの会が終わったらオレが相談室にいるから，3時半に来てみないか？」

リンタロウ：「来られる（母も同意する）」

担　任：「来たら数学やるか？」

リンタロウ：「やりたい。わからない問題を教えてください」

筆　者：「ちょっと待ってね。一気に生活を変えることになるから，無理をするとリバウンドするので，最初は数学の問題5題とか10題とかにしたいんだけど，どうですか？」

リンタロウ：「じゃあ10題，いいですか？」

担　任：「いいよ，頑張ろう」

　こうしてリンタロウくんの具体的な支援目標が設定され，その課題である①起床，②登校，③学習について，次の面接までの行動スケジュールが策定されました。筆者は，白紙のコピー用紙にカレンダーの枠を書き，そこに①10時起床，②放課後登校，③数学10問と書き込み，翌週はこの結

表6-1 課題分析による行動スケジュール　第2回面接

月	火	水	木	金
5月19日	5月20日	5月21日	5月22日	5月23日
			第1回面接 ・相談室登校 ・四文字熟語カルタ	
5月25日	5月26日	5月27日	5月28日	5月29日
			第2回面接 ・相談室午後登校 ・目標設定 ・行動スケジュール 　作成	①10時起床　○ ②放課後登校　○ ③数学10問　○
6月1日	6月2日	6月3日	6月4日	6月5日
①10時起床　○ ②放課後登校　× ③数学10問　×	①10時起床　× ②放課後登校　× ③数学10問　×	①10時起床　○ ②放課後登校　○ ③数学10問　○	第3回面接 ・相談室午後登校	

果について話し合うことにしました（表6-1）。

5　第3回面接：スモールステップでの行動の拡大

　次の木曜日に相談室にやってきたリンタロウくんは，登校するなり筆者に行動スケジュールの結果を報告してくれました。先週の金曜日は10時に起床し，15時半に登校して担任と方程式10題を解いて予定がクリアされました。ところが，月曜と火曜は欠席し，水曜は予定どおり登校して迎えた本日の登校だったことがわかりました筆者は，様子を聞き取りながら，行動スケジュールのうち，できたものに●，できないものには×を書き込み，成果を可視化させました。。

筆　者：「なぜうまくいかなかったの？」

リンタロウ：「金曜に久しぶりに下校風景を見て，自分だけお母さんに車で送ってもらっていいんだろうかと思ったら，乗せて行ってとは言えなくなって……」

母　親：「えっ，そうだったの？　学校に行きたくないわけじゃなくて？　私は，行きたくないのに学校に誘ったら悪いかと思ってたのに……。行こうって言えばよかったね」

リンタロウ：「え……そうだったんだ」

筆　者：「火曜日も？」

リンタロウ：「いや，月曜の夜は眠れなくて，火曜は昼頃まで起きられなかったから，どうせもうポシャリだと思って部屋にいた」

筆　者：「水曜日は？」

リンタロウ：「木曜に（SCに）聞かれると思ったから，さすがに行かないとまずいし」

筆　者：「なるほど，ちゃんと私を意識してやってくれてるんだ。ありがとう！　出そびれた時に，お母さんに『行こう』と誘われるのはイヤなの？」

リンタロウ：「いいや，どっちかっていうと誘ってほしい」

母　親：「えっ，声かけていいの？」

リンタロウ：「うん」

筆　者：「普段は会話がないんですか？」

母　親：「はい。不登校以来家族は避けられているので，負担をかけないようにしようとしたら会話がなくなってしまいました。リンタロウがSCや担任の先生に心を開いてくれて，話をしているので，それを聞いて様子を理解しています。本当に，相談できてよかったです」

筆　者：「そうでしたか……。特に思春期の男子の親離れは，セミにたとえられることもあって，セミが殻を脱いでいる時の濡れた羽に触ると，もう飛べない羽になってしまうらしいんですよ。殻が脱げて，羽が乾いたら飛びますから。思春期の不安定のピークは中学2年で，すでに峠は越してますから，もうちょっと触らずに待っててあげてくださいね」

母　親：「はい（涙）」

筆　者：「ピークを超えたから，こうやって学校に来られてるわけでしょ？」

リンタロウ：「まあ……」

筆　者：「リンタロウくんは，スケジュールがうまくいかなかった理由は他にはないの？」

リンタロウ：「あります。方程式をやってみて，こういうことを一つずつ挽回していくとして，本当に高校入試に間に合うんだろうかと恐ろしくなった……もう無理なんじゃないかと……」

担　任：「いや，たった2回だけどちゃんと方程式の基本は理解したし，方程式は必ず高校入試に出題されるから，1年の単元だけでもけっこう試験対策になると思うよ」

表6-2 課題分析による行動スケジュール　第3回面接

月	火	水	木	金
6月1日	6月2日	6月3日	6月4日	6月5日
①10時起床　○ ②放課後登校　× ③数学10問　×	①10時起床　× ②放課後登校　× ③数学10問　×	①10時起床　○ ②放課後登校　○ ③数学10問　○	第3回面接 ・相談室午後登校 ・行動スケジュール更新 ・数学1時間	①10時起床　○ ②放課後登校　○ ③数学1時間　○
6月8日	6月9日	6月10日	6月11日	6月12日
①10時起床　○ ②放課後登校　○ ③数学1時間　○	①10時起床　○ ②放課後登校　○ ③数学1時間　○	①10時起床　○ ②放課後登校　○ ③数学1時間　○	第4回面接 ・相談室午後登校	

リンタロウ：「今日から数学は1日1時間にしてもらえませんか？ その代わり家では勉強しないんで（一同爆笑）」

　リンタロウくんはそのまま相談室で担任と数学の問題に取り組みました。そして，　次の1週間は，①10時起床，②放課後登校，③登校時の1日1時間の数学の学習を課題にし，翌週の面接でそれ以降のスケジュールを考えることになりました（表6-2）。

6　第4回面接：状況に応じた課題分析の更新

　それから1週間，3つの課題はいずれもクリアされていました。リンタロウくんは，もう少し数学の学習時間を増やしたいと希望しました。ところが，担任が窮状を訴えました。担任は，バドミントン部の顧問なので，部活動の時間にリンタロウくんにだけついているわけにいかないというのです。
　筆者は担任に代替案を問いかけました。すると担任は，この学校では不登校生徒が登校できるように校内支援室を開設しているので，そこに登校できないかとリンタロウくんを誘いました。1時間目から6時間目まで空き時間の教師が当番を組み，担当が振り分けられていましたが，基本的に生徒は自習をすることになっていて，職員室で待機している教師がほとんどなのだそうです。そして，校内支援室には3年生の女子1人と2年生の女子1人が不定期に通っているだけで，実際はほぼ誰もいないとのことでした。

担　任：「朝，お母さんに送ってもらって来られないか？」
母　親：「10時起床ですから……。職場に事情を伝えてお願いすれば，10時から14時の仕事を30分くらい後倒しにできるんじゃないかと思います。10時すぎに送ってくるのではどうでしょうか？」
担　任：「もし，そうしてもらえるなら最善です。給食費も1年からずっと払い続けてもらっているし，給食もいつでも用意できますから」
リンタロウ：「えっ？ そうなの？」
母　親：「それは，給食を止めるのも抵抗があって……。リンタロウが決心できるなら，お母さんは朝送って来られる方が嬉しいよ。まずは勤務を後倒しにできるかどうか聞いてくるからちょっと待っててね」

　母親は，中座すると廊下から職場に電話をし，30分の後倒し可能だと戻ってきてくれました。

母親は，10時ちょっと前に自宅を出れば何とかなるといいます。

担　任：「ここまできたら，それしかないでしょ」
リンタロウ：「まあ……じゃあ，よろしくお願いします（母親に頭を下げる）」
担　任：「せっかく金払ってるんだから，給食も食えよ」
リンタロウ：「給食かーー」

　筆者が相談室に貼っていた献立表をテーブルに置くと，リンタロウくんは嬉しそうに眺めました。担任は，自分の週予定を持ってきて授業の空き時間をリンタロウくんに教えました。

担　任：「空き時間といっても仕事はあるけど，できるだけ仕事も持ってなるべく支援室に行くようにするから」
リンタロウ：「よろしくお願いします（担任に頭を下げる）」
担　任：「よしっ，任せろ！　いっしょに追い上げようぜ！！」（母涙）

　担任は，母子を支援室に案内しました。支援室を見学して相談室に戻ってきたところで，筆者は行動スケジュールの更新を提案しました。

筆　者：「明日から実行するとなると，まず何時に起きる？　いまは何時に起きてるの？」
リンタロウ：「9時半から10時の間くらいの時もあるけど，大体は10時」
筆　者：「うーん，じゃあ9時半に起きられない？　それより早く起きるのはやめた方がいいと思うんだよね。リバウンドすると回復が遅れるから，とにかくリバウンドさせないことが最も効率的なのよ」
母　親：「じゃあ，顔だけ洗って車に乗って，車の中でゼリー飲料を朝ごはんにしたら？」
リンタロウ：「うん」
筆　者：「そして，どうやって帰る？」
母　親：「15時なら迎えに来られるけど」
筆　者：「放課後の1時間登校から急に5時間……無謀すぎない？　私としては，最初は1時間くらいから慣らしてほしいけど」
母　親：「たぶん，帰ると疲れて爆睡すると思うので，できれば給食を食べて帰ってほしいんですけど」
担　任：「じゃあ，早めに給食を届けに行くから早めに食べて，昼休みになる前に下校すればいいんじゃないか？」
リンタロウ：「わかった，そうします」
筆　者：「昼夜逆転のリハビリ期間たったの2週間で午前登校を始めるんだから，めちゃくちゃ大変だと思うのよ。たぶん，起きられない日も出てくるはずだから，その時は無理をさせずに，お母さんが帰ってきてから3秒だけ登校してください。そんな日は，とにかく登校したら3秒以内に帰りましょう。してもいいのは挨拶だけ。タブーは引き止められて長くいてしまうこと。せっかく体が上げてくれた悲鳴を無駄にしてはいけないのよ。3秒ルールはアクシデントがなかったってことにしてくれるルールなんだから，だるい日は3秒登校で翌日につないでくださいね。3秒でも欠席とはまったく違うダメージのはずですから」

表6-3 課題分析による行動スケジュール　第4回面接

月	火	水	木	金
6月8日	6月9日	6月10日	6月11日	6月12日
①10時起床　○ ②放課後登校　○ ③数学1時間　○	①10時起床　○ ②放課後登校　○ ③数学1時間　○	①10時起床　○ ②放課後登校　○ ③数学1時間　○	第4回面接 ・相談室午後登校 ・行動スケジュール 　更新 ・数学1時間	①9時半起床　○ ②10時登校　○ ③数学1時間　○ ④給食後帰宅　○
6月15日	6月16日	6月17日	6月18日	6月19日
①9時半起床　○ ②10時登校　○ ③数学1時間　○ ④給食後帰宅　○	＜3秒登校＞ ①9時半起床　× ②10時登校　× ③数学1時間　○ ④給食×	①9時半起床　○ ②10時登校　○ ③数学1時間　○ ④給食後帰宅　○	第5回面接 ・相談室10時登校	

　行動スケジュールには，①9時半起床，②10時登校，③数学1時間と書き込みました（表6-3）。

7　第5回面接：行動形成の成功と自己効力感獲得による自己開示

　翌週の木曜日の10時すぎに登校したリンタロウくんは，その足で直接相談室にやってきました。火曜日は起きられずに3秒登校を使ったけれど，それ以外は予定どおり10時に登校できているというのです。朝9時半に起きるために，母親と作戦を立てたそうです。夜の10時に入浴し，パジャマではなく学校の体操服を着て眠り，起きたらそのまま顔を洗って牛乳を飲み，車の中でゼリー飲料を飲んで体操服のまま登校するというものです。校内支援室は，職員室で挨拶すると担当の先生が案内してくれますが，実際にはほぼ誰もいないので気楽に過ごせ，2時間目から4時間目までのいずれかの時間に担任が来ていっしょに数学の問題に取り組んでくれるそうです。

筆　者：「よかったねーー。こんなに順調に軌道に乗れるなんてすごいよ。リンタロウくんのお母さん，すっごくいい人だよね。サポートのセンス抜群だしね」
リンタロウ：「オレ，1年の夏から家族と口をきかなかったから，ここ（相談室）に来て，お母さんがしゃべってるの聞いてすげーいい人だと思った」
筆　者：「えっ？　1年の夏から家族と口をきかなかったって，それはまたどうして？」

　リンタロウくんは，1年の夏休み明けの実力テスト後のエピソードを語り出しました。リンタロウくんには2歳年上の兄がいて，ずっとトップクラスの成績で，中学校での実力テストではほとんど1番か2番，調子が悪いと5番くらいだったのだそうです。そしてリンタロウくんは，実力テストに備えて「人生で一番真剣に勉強した」結果，学年で6番だったとのことでした。

筆　者：「すごいねーー，優秀で」
リンタロウ：「それが家ではすごくないんだよ。お父さんに見せたら，もう少し頑張れるなって言われて……。でも，オレは全力でやって6番だったから，この家族をやっているうちは，オレには結果出すのは無理だと思ったんだ」
筆　者：「結果出すって？」
リンタロウ：「お父さんの実家のじいちゃんが言うんだよ。人生は結果を出さないとダメだって。それで，兄さんが成績表を持って冬休みに遊びに行くと，すげーたくさんお年玉くれるんですよ。オレはどうせ1番じゃないし，結果出してないからお年玉も大してもらえないし，お父さ

んは簡単に「もう少し頑張れる」って言うけど，オレはこれ以上頑張れないし。兄さんは剣道部で，帰ってくるとずっと部屋で勉強していて，昼も夜も休みの日も，ずーっと勉強漬けの生活をこれから何年もしなければいけないなら，どうせ兄さんにかなわないし，自分には意味がないからもうこの家族をやめようと思ったんです。もともと，自分の特技は誰かがいても意味がなければまったく関係なくしていられることなので，家族にそれをやろうと決めました。それからは，お母さんが何を言ってもすべて関係ないことにして反応するのをやめたんです。お母さんは，冬には諦めて日中は家からいなくなったので，だいぶそれで助かりました」

筆　者：「助かったって？」

リンタロウ：「誰もいない間はリビングにもいられたし」

筆　者：「お母さんは，自分が日中いなければリンタロウくんがリビングで寛げるようになるんじゃないかと思ったって言ってたよ」

リンタロウ：「えっ，そうだったんだ……知らなかった。不登校になって一番困ったのは兄さんで，本気で心配していろいろ言ってくるから，別の人種になったことにしようと決めて，兄さんはAIだと割り切って，会わないようにするために昼夜逆転したんです。必死に夜中もゲームして」

筆　者：「お兄さんもいい人なんだね」

リンタロウ：「超いい人ですよ。中学校では生徒会長で，入学式での歓迎の挨拶で1年でも人気が出て，シンタロウって，オレと合わせて森林っていう字なんですけど，木が1個あるのとないので全然違うって，小さい頃からいろんな人にさんざん言われてきましたから」

筆　者：「なるほどー，どんなことを比べられたの？」

リンタロウ：「性格が違うんですよ。兄さんは穏やかっていうか皆の話を聞いてから自分の話をする方で，オレは自分のペースで突っ走るっていうか」

筆　者：「なるほどー，成績も比べられたの？」

リンタロウ：「えっ，面と向かってはないけど，どうせかなわないし」

筆　者：「そうか……リンタロウくんが自分で比べて，自分のスイッチを切ったのか……」

リンタロウ：「はあ……まあ，そうですね」

筆　者：「自分で自分のスイッチを切ったのなら，自分でスイッチを入れられるんじゃないの？」

リンタロウ：「えっ……（長い沈黙のあと）カウンセリングって意味あるんですか？先週までの行動スケジュールはめちゃくちゃ意味がありました。でも，こういう話だけしても意味があるんですか？」

筆　者：「リンタロウくんは，思考系で意味の人なんだね。カウンセリングで自分の話をするのは，自分の経験を未来の自分とつなぐためなんだよ。経験って，自分の中では場面ごとの断片なんだけど，それをつなぎ合わせながら状況がわかるように話をすると，まるで経験をやり直しているようなリアリティが出るんだよね。そうすると自分の行動を見直せて，行動の意味がわかるでしょ？」

リンタロウ：「いや，オレの行動ってすげー意味なかった……っていうか，なんか，ただの自爆で，バカだ……」

筆　者：「それそれ，それが大事で，話をしたことで自分の経験を客観的に見られるようになったでしょ？」

リンタロウ：「まあ，確かに」

筆　者：「カウンセラーも，話を聞くことでその人のそれまでの行動の意味を理解できるようになるからサポートできるのよ」

リンタロウ：「先生には，オレの行動の意味が理解できた？」

筆　者：「うん。少なくとも，リンタロウくんにはスイッチがあって，そのコントローラーもリンタロウくんの中にあることがわかった」

リンタロウ：「……確かに」

筆　者：「それに，話しているうちに，過去の行動を別の角度からも見られる自分と出会うはずなのよ。ほら，1年のときの自分をバカだと思う自分とかね。今の自分の方が賢いってことでしょ？」

リンタロウ：「まあ」

筆　者：「それに，リンタロウくんはお母さんとも出会ったでしょ？」

リンタロウ：「確かに。……うちのお父さんは，すげー有名な国立大学に入ったけど，燃え尽きで大学に行かなくなって，中退して中小企業に入ったんだって。じいちゃんがちゃんと大学を卒業して就職して結果を出さないと意味がないって言ってたんだよ。それなのに，お父さんに6番でもっと頑張れって言われて，なんかすげーむかついたっていうか……，すげー頭きたっていうか……，でも，オレがぶんむくれて昼夜逆転している間，人生は我慢の方が多いんだから，しばらく好きにさせておいてやれと，お父さんが言ってたとお母さんから聞いて，ちゃんとオレのことも考えてたんだなーと思った」

筆　者：「なるほど，お父さんとも出会わせてもらったんだね。お父さんにとってリンタロウくんは分身だったのかもね」

リンタロウ：「え？ そうなの？」

筆　者：「そうでしょ？ 正義感がピュアっていうか，普通は6番の成績に失望して1年半もひきこもらないし，お父さんだって普通はせっかく合格した一流大学をやめたりしないでしょ。ぶんむくれてからの意地の張り方がそっくりにみえるけど」

リンタロウ：「確かに。……お父さんが一流大学を卒業して一流企業に就職してたらどうなってたんだろう」

筆　者：「お母さんが違うかも（笑）」

リンタロウ：「じゃあ，いまのままでいいか（爆笑）」

　木曜は4時間目が担任の空き時間なので，「数学をやらなくちゃ」と言ってリンタロウくんは支援室に向かいました。リンタロウくんは，担任との出会いにも確実にエンパワメントされていました。行動スケジュールについては，来週まで同じ目標を継続することを申し合わせました（表6-4）。

表6-4 課題分析による行動スケジュール　第5回面接

月		火		水		木	金	
6月15日		6月16日		6月17日		6月18日	6月19日	
①9時半起床	○	<3秒登校>		①9時半起床	○	第5回面接	①9時半起床	○
②10時登校	○	①9時半起床	×	②10時登校	○	・相談室10時登校	②10時登校	○
③数学1時間	○	②10時登校	×	③数学1時間	○	・行動スケジュール	③数学1時間	○
④給食後帰宅	○	③数学1時間	○	④給食後帰宅	○	確認	④給食後帰宅	○
		④給食×				・支援室に移動		
6月22日		6月23日		6月24日		6月25日	6月26日	
①9時半起床	○	①9時半起床	○	①9時半起床	○	第6回面接		
②10時登校	○	②10時登校	○	②10時登校	○	・相談室10時登校		
③数学1時間	○	③数学1時間	○	③数学1時間	○			
④給食後帰宅	○	④給食後帰宅	○	④給食後帰宅	○			

8　アセスメントとケースフォーミュレーション

第5回面接でリンタロウくんの内面と出会った筆者は，これまでの情報をBPSフォーミュレーション（Campbell & Rohrbaugh, 2006）に整理しました（表6-5）。

アセスメント

（1）問題を維持させている状況

1年夏の実力テストの成績に対する失望から自室にひきこもり，家族との関係を断絶するために意図的に昼夜逆転して，不登校に陥りました。3年に進級後，高校進学を意識して再登校を決意しましたが，長期にわたる昼夜逆転ひきこもりでの生活習慣や体力の回復は容易でなく，再登校の継続には戦略と根気が必要でした。

（2）機能分析

実力テストの成績が兄に及ばなかったことから自室にひきこもり，不登校を選択して学習を回避しました。不登校ひきこもりは，兄との比較対象となる成績との直面や，家族との関係からの現実逃避の機能を果たしていました。

（3）スキーマ分析

優秀な兄には「どうせかなわない」という幼児からの自他比較による不合理な思い込みから，この家族の中では敗北者であり続けるので，家族との関係を絶ち切って自分だけの世界にひきこもるという誤った推論が導かれ，その結果として昼夜逆転不登校の生活が選択されました。

（4）悪循環の構造

3年で再登校を決意したのは高校進学を志望してのことでしたが，1年夏から学習を回避してい

表6-5　リンタロウくんのBPSフォーミュレーション

	生物学的	心理的	社会的
素因因子 Predisposing factors 問題のリスクを高める脆弱性	・有名国立大学に入学したが，受験勉強の息切れで燃え尽き，大学中退した優秀で繊細な父親	・幼少時から優秀な兄と自他比較してきた	・中小企業勤務の父親 ・専業主婦からパート勤務を始めた母親 ・成績優秀で生徒会長だった兄 ・結果優位で優秀な兄にお年玉をはずむ祖父 ・幼少時から兄と比較されてきた
誘発因子 Precipitating factors 症状を誘発するストレッサーや出来事	・実力テストの前は，体力の限界まで勉強した ・テスト勉強での息切れ	・どうせ1番ではない ・これ以上頑張れない ・兄のような勉強漬けの生活はできない ・どうせ兄にはかなわない	・実力テストで6番だったが，父親に「もっと頑張れる」と言われた ・兄はほぼ1番で悪くても5番だった
維持因子 Perpetuating factors 問題を悪循環させるシステム	・昼夜逆転 ・ゲーム依存	・期待に応えられないので，家族との関係を絶ってひきこもる ・兄はAIだと割り切り，家族を無視する	・不登校 ・家族との断絶 ・勉強の回避
保護因子 Protective factors 回復を促進する要素	・良好な健康状態 ・優秀な学習能力 ・論理的思考 ・気さくで率直な性質	・支援環境への信頼感 ・家族との関係回復 ・生活リズムと勤勉性の回復	・SCとの信頼関係 ・賢明でサポーティブな家族 ・サポーティブな担任 ・校内支援室

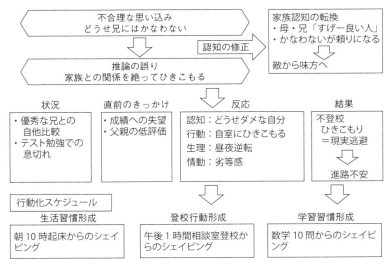

図 6-1　リンタロウくんのケースフォーミュレーション

たため，3 年の教科書を見て自信を失い，同級生との自他比較でのネガティブなイメージが膨らみ，不安と緊張の増幅から学級復帰が回避されました。そして，学習や登校の回避がさらに自信を消失させて劣等感をかき立て，生活習慣の乱れと相まって再登校を困難にしていました。

支援方針

（1）シェイピングでの登校行動形成

　第 2 回面接で，リンタロウくんの登校動機である「高校に行けるようになる」を目標行動に設定し，そのための課題として①起床，②登校，③学習についての生活習慣の形成が必要だと話し合いました。そこで，各状況に合わせて課題の質量を増やし，面接ごとに行動スケジュールを更新し，シェイピングを用いた行動形成を行います。

（2）ネガティブな認知の修正

　「兄にはかなわない」という認知については，兄自身が本当に優秀であるうえに，幼児からの自他比較で刷り込まれており，簡単に逆転させられるとは思われなかったため，「兄にはかなわない」けれども「敵ではない」と認知の転換を図ることにしました。それは，母親や父親についても同様です。家族認知を「自分を責める（仮想の）敵」から「良い人」に転換させることで，生活立て直しのための家族資源として活用することを意図しました。

9　第6回面接：家族関係の回復と登校の拡大

　翌週 10 時に相談室を訪ねたリンタロウくんの第一声は「スイッチ入りました」でした。自分でスイッチを入れるにはどうすればいいか真剣に考えた結果，兄に謝って相談することにしたそうです。兄は想像以上に頼もしい存在で，高校入試まで一緒に勉強しようと言ってくれ，日曜はリビングで並んで勉強をしたのだそうです。身近で見ると兄の勉強ぶりにはまったく歯が立たないけれど，昼夜逆転の克服とは勉強漬けの生活を受け入れることだと，どこかで漠然と覚悟もしていたので，現実に戻ってきた実感もあるとのことでした。

　また，父親と「ぶんむくれ同盟」を結成したことが嬉しそうに報告されました。リンタロウくん

表6-6 課題分析による行動スケジュール　第6回面接

月		火		水		木	金	
6月22日		6月23日		6月24日		6月25日	6月26日	
①9時半起床	○	①9時半起床	○	①9時半起床	○	第6回面接	①9時半起床	○
②10時登校	○	②10時登校	○	②10時登校	○	・相談室10時登校	②10時登校	○
③数学1時間	○	③数学1時間	○	③数学1時間	○	・行動スケジュール	③学習2時間	○
④給食後帰宅	○	④給食後帰宅	○	④給食後帰宅	○	確認	④15時帰宅	○
						・支援室に移動		
6月29日		6月30日		7月1日		7月2日	7月3日	
①9時半起床	○	①9時半起床	○	＜3秒登校＞		第7回面接		
②10時登校	○	②10時登校	○	①9時半起床	○	・相談室10時登校		
③学習2時間	○	③学習2時間	○	②10時登校	○	・行動スケジュール		
④15時帰宅	○	④15時帰宅	○	③学習2時間	○	更新		
				④15時帰宅	○	・支援室に移動		

が食事の時に筆者との会話を伝えたら，母や兄とちがって不器用であちこちぶつかってしまう似たものどうしだと父親が語り出したのだそうです。それを「ピュア同盟」と称した兄に対し，リンタロウくんが「ぶんむくれ同盟」と言い直したところ，父親が賛同して命名され，同盟が組まれたというのです。

　リンタロウくんは，支援室登校の時間を延ばしたいと自分から申し出ました。給食を食べてすぐに帰宅せず，15時まで支援室にいて母親の車に乗せてもらって帰りたいと言うのです。父と兄からお母さんと話してやれと言われたこともあり，母親の車で帰宅しながらおしゃべりをしたり，買い物につきあうのは，気晴らしになって楽しいので登校の励みになるとのことでした。

　そこで，行動スケジュールを①9時半起床，②10時登校，③2時間学習，④15時帰宅に更新することになりました（表6-6）。

　第7回面接では，新しいスケジュールの達成が報告されました。しかし，その一方でリンタロウくんは，帰宅後は疲れて寝る以上のことができない自分を嘆きました。帰宅しておやつを食べると睡魔に襲われて昼寝をし，夕食を食べて入浴すると再度睡魔に襲われ，兄と違ってまったく勉強に手がつかない焦燥が語られました。筆者は，それが昼夜逆転からの回復そのものなので，支援室に登校している間に勉強をして，家では生活リズムの立て直しを優先するように指示し，夜の学習を禁じました。そして，むしろ夜深く眠り，生活の回復が促進されるように昼間の活動量を増やせないかと問いかけました。

　行動スケジュールは，①9時半起床，②10時登校，③3時間学習，④15時帰宅に更新することになり，これ以降，夏休みまでスケジュールが固定されました（表6-7）。

　家庭では，母親と自宅の前の道路でバドミントンを始め，時々兄が加わっているそうです。

10　2学期以降の登校と私立高校合格

　リンタロウくんは，夏休みに塾の夏期講習に通い，学力と生活リズムの回復に努めました。夏休み明けは8時に起床し，登校が8時半から15時まで延長されました。

　9月は体育祭が開催され，担任と級友に誘われ，中学校で初めての経験だと練習から嬉しそうに参加し，修学旅行にも行きました。

　担任は，この機会に学級復帰を誘いましたが，リンタロウくんは支援室での学習を選択しました。

表6-7 課題分析による行動スケジュール　第7回面接

月	火	水	木	金
5月19日	5月20日	5月21日	5月22日	5月23日
			第1回面接 ・相談室登校 ・四文字熟語カルタ	
5月25日	5月26日	5月27日	5月28日	5月29日
			第2回面接 ・相談室午後登校 ・目標設定 ・行動スケジュール　作成	①10時起床　○ ②放課後登校　○ ③数学10問　○
6月1日	6月2日	6月3日	6月4日	6月5日
①10時起床　○ ②放課後登校　× ③数学10問　×	①10時起床　× ②放課後登校　× ③数学10問　×	①10時起床　○ ②放課後登校　○ ③数学10問　○	第3回面接 ・相談室午後登校 ・行動スケジュール　更新 ・数学1時間	①10時起床　○ ②放課後登校　○ ③数学1時間　○
6月8日	6月9日	6月10日	6月11日	6月12日
①10時起床　○ ②放課後登校　○ ③数学1時間　○	①10時起床　○ ②放課後登校　○ ③数学1時間　○	①10時起床　○ ②放課後登校　○ ③数学1時間　○	第4回面接 ・相談室午後登校 ・行動スケジュール　更新 ・数学1時間	①9時半起床　○ ②10時登校　○ ③数学1時間　○ ④給食後帰宅　○
6月15日	6月16日	6月17日	6月18日	6月19日
①9時半起床　○ ②10時登校　○ ③数学1時間　○ ④給食後帰宅　○	＜3秒登校＞ ①9時半起床　× ②10時登校　× ③数学1時間　○ ④給食×	①9時半起床　○ ②10時登校　○ ③数学1時間　○ ④給食後帰宅　○	第5回面接 ・相談室10時登校 ・行動スケジュール　確認 ・支援室に移動	①9時半起床　○ ②10時登校　○ ③数学1時間　○ ④給食後帰宅　○
6月22日	6月23日	6月24日	6月25日	6月26日
①9時半起床　○ ②10時登校　○ ③数学1時間　○ ④給食後帰宅　○	①9時半起床　○ ②10時登校　○ ③数学1時間　○ ④給食後帰宅　○	①9時半起床　○ ②10時登校　○ ③数学1時間　○ ④給食後帰宅　○	第6回面接 ・相談室10時登校 ・行動スケジュール　確認 ・支援室に移動	①9時半起床　○ ②10時登校　○ ③学習2時間　○ ④15時帰宅　○
6月29日	6月30日	7月1日	7月2日	7月3日
①9時半起床　○ ②10時登校　○ ③学習2時間　○ ④15時帰宅　○	①9時半起床　○ ②10時登校　○ ③学習2時間　○ ④15時帰宅　○	＜3秒登校＞ ①9時半起床　○ ②10時登校　○ ③学習2時間　○ ④15時帰宅　○	第7回面接 ・相談室10時登校 ・行動スケジュール　更新 ・支援室に移動	①9時半起床　○ ②10時登校　○ ③学習3時間　○ ④15時帰宅　○
7月4日	7月5日	7月6日	7月7日	7月8日
①9時半起床　○ ②10時登校　○ ③学習3時間　○ ④15時帰宅　○	①9時半起床　○ ②10時登校　○ ③学習3時間　○ ④15時帰宅　○	①9時半起床　○ ②10時登校　○ ③学習3時間　○ ④15時帰宅　○	第8回面接 ・相談室10時登校	

　兄と相談して3教科受験の私立高校を目標に設定し，そのための学習追い上げ計画が作成されていたのです。国語と社会と体育と学級活動だけ学級に参加し，それ以外は支援室で自習をすることになりました。

　10月からのスケジュールは①7時半起床，②8時半登校，③3時間学習，④下校時間に徒歩帰宅となり，これが卒業まで続きました。

　こうして登校を回復したリンタロウくんは，1月に私立高校を受験し，第1志望には届きませんでしたが，見事に第2志望の高校に合格しました。それから学級に復帰し，朝は自宅から徒歩で通

常の登下校をして1日も休まずに卒業式を迎えました。

11　シェイピングでの行動形成支援の秘訣

　成功の秘訣は，行動形成の目標設定にあります。目標とする標的行動が本人の達成欲求をかき立てる高い魅力をもっていればいるほど，行動動機が高まります。目標を設定する段階で本人の意思や欲求を十分に聞かず，お仕着せをしてしまうと，行動動機が不十分でしかないため，行動形成にいたりません。本事例がうまく展開したのは，第2回面接でリンタロウくんが語った「高校に進学したい」という願いを具現するためのプログラムに焦点化されていたからです。

　また，本事例のように，登校行動を形成するために生活習慣の立て直しや学習習慣の形成など，複数の課題を同時に達成させていく必要がある場合は，それぞれの課題を独立させて管理することが必要です。

　行動スケジュールを作成するための課題分析では，標的行動形成にいたるまでの行動を細分化し，各セッションでの状況に応じた行動スケジュールの作成が求められます。行動スケジュールは，クライエントの達成感が得られるステップに設定することが大切です。ステップの幅が小さすぎると達成感が低く，大きすぎると破綻を招くことになるのです。いかにも単純に見える課題分析ですが，クライエントの状況にフィットさせるためには熟練が必要です。最も重要なのは，クライエント自身の達成感を確認し，微調節を繰り返してフィットさせ続ける努力を怠らないことだといえるでしょう。

12　リフレイミングと認知の再構成

　本事例のリンタロウくんは，「どうせ兄にはかなわない」という自動思考から，過剰な敗北感に圧倒されて「家族との関係を絶ち切ってひきこもる」という極端な行動が選択されていました。そのため，リンタロウくんがプライドを損ねて敗北感を抱く可能性のある場面では，極力リフレイミングを駆使して解釈の転換に努めました。

　初回面接は，カウンセリングではなく四文字熟語の攻略だと，来談目的をリフレイミングすることで相談室登校に対する動機づけと抵抗の払拭を狙いました。また，第3回目では，行動スケジュールの課題が4日間のうち2日しか達成できず，これに対する失望や母子間のコミュニケーションの欠落も浮き彫りになりました。そこで，筆者は状況をセミの脱皮にたとえ「セミが殻を脱いでいる時の濡れた羽に触ると，もう飛べない羽になってしまう」と，コミュニケーションがなかったことを支持しました。そして，現状を「不安定のピークが過ぎた」状態とうけあい，「殻が脱げて，羽が乾いたら飛び立つ」準備段階にリフレイミングしました。リンタロウくんが自ら積極的に本音を語り出すようになったのは，このリフレイミングの後のことでした。

　さらに，第4回面接では行動スケジュールを15時登校から10時登校へと大幅な前倒しに踏切りました。しかし，2週間前に再登校が開始された状態での変更にしては負担が大きすぎるため，筆者は「起きられない日も出てくるはずだから，その時は無理をさせずに，お母さんが帰ってきてから3秒だけ登校してください」と午後の短時間登校を指示しました。また，第7回面接の順調な登校行動形成による昼夜逆転からの回復プロセスで，疲れて自宅学習ができない焦燥が語られた時も，家では生活リズムの立て直しを優先するように指示し，夜の学習を禁じました。いずれも，予測される失敗場面での行動をあらかじめ指示し，責任の所在を筆者に置き換えることで，本人のプライドを損傷させず，失敗ではなく指示に従えたという達成感とのすり替えを図るリフレイミングをし

ました。

　第5回面接でも，自己開示をして不登校の経緯を語ってくれたリンタロウくんに「自分でスイッチを切ったのなら，自分でオンにできるんじゃないの？」と投げかけました。長期不登校での昼夜逆転ひきこもりという事態を振り返り，弱音を吐いたリンタロウくんに，スイッチもコントローラーも本人の手の内にあるというエールを込めたリフレイミングでした。すると，第6回面接でのリンタロウくんの第一声は，「スイッチ入りました！」というもので，スイッチを入れるにはどうすればいいか真剣に考え，兄に相談するという適応行動を起こしたことが報告されました。

　本事例の成功の秘訣は，高校への登校を目標にした行動形成に並行し，不登校の動機となった「家族内での敗北感と関係断絶」という不合理で飛躍した推論の修正を図ったことにありました。極端な認知の背景には，優秀な兄との比較による「どうせかなわない」「どうせ自分にはできない」という敗北感が存在していました。初回面接で，憮然としてSCに向けていた敵対心は，登校を決意しても自力で実現できない自身への敗北感の投影であったことでしょう。そのため，初回面接で筆者は，次の約束に対するリンタロウくんの意思を確認し，相談場面を受動から能動にリフレイミングしたのです。

　リフレイミングは，出来事に対する言い方を変えることで状況の意味づけを転換させ，クライエントの認知の変容を促す認知療法の代表的な技法です。いかにも簡単で便利に感じますが，価値観に介入する技法なので，安易な使い方をすると効果がないどころかクライエントとの信頼関係を失います。協働的経験主義面接でクライエントの経験を追体験し，カウンセラーが問題とプロセスを共有する治療同盟の形成なしに，うかつなリフレイミングをすると，深刻な問題を軽薄に扱われたという侮蔑感や怒りを抱かせてしまうのです。

　なお，リンタロウくんの自動思考に対する直接的な介入を避けたのは，中学1年から自室にひきこもった繊細な自我には，コンプレックスとの直面よりも状況に対するリフレイミングで外堀を固め，学習支援での自己効力感の積み上げを優先した方が低リスクだと判断したためです。

　筆者は，リンタロウくんの話を聞きながら，それまでの経緯や心情を追体験し，真剣に次の面接までの展望を考えました。それはリンタロウくんも同様で，筆者との会話に真剣に向き合い，自分のために自分ができることを必死に模索しました。そして，仮想敵のAIであった兄に自ら相談して味方につけたリンタロウくんは，順調に登校や学習など生活習慣を回復し，兄との作戦会議で練り上げた私立高校入試計画を見事に達成することができました。

13　本事例を一般化するのは危険です

　本事例の特徴として，クライエントに発達障害がなく，優秀な能力と意志の強さに加え，秀逸な家族サポートに恵まれていたという好条件を見逃すわけにいきません。

　リンタロウくんと同じように中学1年の夏休み明けから，不登校を起こして自室に閉じこもる子供は決して少なくありません。しかし，もしそこに発達障害が潜伏し，学習の遅れや人間関係形成の不全などに対する防衛行動であった場合は，生物心理社会モデルからアセスメントをして，第1に生物的な問題を洗い出し，合理的配慮を計画しないわけにいきません。支援とは，クライエントのために存在し，クライエントにフィットさせるゆえの個別支援であるのです。

　まずは目の前のクライエントの問題を整理して，クライエントの内面と出会うことから始めましょう。

認知再構成法による行動修正

第7章

1　認知再構成法

　認知再構成法とは，精神的に動揺した時に瞬間的に湧きあがる不合理で非機能的な自動思考を，機能的な認知に修正することで適応行動を導く認知行動療法の中心的な手法です（A. Beck, 1979；大野，2010）。

　人間は，自分に起きた出来事を否定的に受け止め続けていると，ストレスから脳がダメージを受けてホルモン分泌のバランスを崩し，抑うつ反応が生じやすくなります（春山，1995）。出来事を受け止める最初の認知がネガティブに偏っていると，その次の段階で思考される推論にもネガティブな解釈が加わるため，ネガティブな行動が引き起こされ，その結果としてトラブルが生じて，さらにその次の思考や行動にも影響を与え，悪循環がつくられてしまうのです（表7-1；第4章参照）。

　そこで，出来事を最初に認知する自動思考での不合理で非機能的な認知（＝スキーマ）を特定し，

表7-1　代表的な非適応的スキーマ（Young, Klosko, & Weishaar, 2003 から筆者が和訳）

中核的感情ニーズ	非適応的スキーマ
他者との安定した関係形成	見捨てられスキーマ 「どうせ」見捨てられる，可愛がられない，大事にされない
有能感とアイデンティティ獲得	無能・敗北スキーマ 「どうせ」できない，やっても無駄だ，いうことを聞くしかない
限界の超越	どうしようもないスキーマ 〜だからどうにもならない，どうしていいかわからない
他者への指向性	独占・自己犠牲スキーマ，評価されたいスキーマ 自分だけのものにしたい，悪いのは自分のせいだ
警戒と抑制	完璧主義と罰スキーマ 自他への「〜であるべき」，できなければ罰せられるべき

合理的でポジティブな認知に再構成して悪循環を断ち，適応行動を形成しようというのが認知再構成法の理論です。その方法論は，以下の手順にまとめられます（J. S. Beck, 2011; Leahy, 2018）。

1）スキーマ分析

　第1の手順として，クライエントの主訴や問題の経過からカウンセラーが不適応行動を同定します。第2に，その行動が引き起こされている状況，感情，思考について質問し，出来事をネガティブに解釈している自動思考の存在を同定してクライエントにも理解させます。第3に，ネガティブな自動思考がどのような推論を導き，その結果どんな行動を引き起こして悪循環をつくっているのか，クライエントへの質問を通して明らかにします。第4に，クライエントとの話し合いの中から自動思考の奥に潜む価値観の歪みを同定します。

2）エビデンスを用いた反論

　ネガティブなスキーマを維持することにどのようなメリットがあるのか，あるいはどのようなデ

メリットがあるのか，エピソードを引き出し，エビデンス（証拠）を押さえながらクライエントとともに検討します。

3）置き換え可能な適応的認知の検討

改善策の検討については，支援者とクライエントとの協働作業としてブレーンストーミングが行われます。その話し合いを通して，クライエントも支援者も納得できるバランスが取れた適応的認知を採用します。

4）認知の再構成を図った場合のシミュレーション

不合理なスキーマを新しい適応的認知と置き換えた場合のシミュレーションをし，面接内でその見通しと適合性を検討します。

5）ポジティブな認知の再構成

より現実との適合度が高いと判断された認知を採用してスキーマを置き換え，次の面接までの現実場面に臨んでもらいます。次の面接では，その間の出来事についてモニタリングし，新たな認知と行動の関係に注目しながら現実との適合度を検討します。その結果として，行動が適応的に変容したら支援は完了します。モニタリングによって新しく置き換えた認知が再度修正される場合もあり，適応的な行動変容が定着するまでクライエントと支援者の協働作業が続きます。

なお，認知の転換を図る類似技法にリフレイミングがあります。リフレイミングは，出来事に対する解釈の角度を転換させることで認知の転換を図る技法です。これに対し，認知再構成法では解釈を歪ませているスキーマの転換をターゲットとして，非機能的スキーマから機能的スキーマへの転換を図ります。表7-2は相談場面で頻発する不適応的スキーマとその転換例です。

表7-2　スキーマ とその修正例

＜自己へのスキーマ＞	＜修正例＞
自分はダメな人間だ	自分にもできることはある
一番にならなければいけない	誰にでも苦手なことはある
弱音を吐くのはダメな人間だ	支援要請は大切な能力だ
皆から愛されなければいけない	ウマが合わない人はどこにでもいる
＜他者へのスキーマ＞	
自分を理解してくれる人などいない	なかには理解してくれる人もいる
人は自分を利用するだけだ	なかには裏切らない人もいる
他人は信用できない	皆が腹黒いわけではない
＜世界へのスキーマ＞	
課題は完璧でなければいけない	結果だけでなくプロセスも大切だ
この世は弱肉強食だ	ライバルも出会いのうち
学歴は成功の条件だ	学歴だけで能力は測れない

2　抜毛症に悩む大学生とのインテーク面接

大学1年のヒマリさんが学生相談室を訪ねてきたのは10月半ばのことでした。どんなことに困って相談に来たのか質問すると，ヒマリさんはしばらく筆者を見つめ，「これです」と頭を突き出し，指で髪をかき分けました。かき分けられた髪の下はほぼスキンヘッドに近く，広範囲にわたるまだらハゲの点在に筆者は思わず息を呑みした。

ヒマリ：「抜毛がやめられないんです。なんとか髪で覆っていますが，これが限界で，これ以上抜いたらたぶんもう隠せません（涙）」
筆　者：「いつから始まったの？」
ヒマリ：「始まりですか？ それは，小学3年のことでした。4年で治って，高校に進学して再発し

ましたが1ヶ月くらいでおさまり，大学に進学して本格的に再発し，後期が始まってから急激に悪化しました」

筆　者：「どんなきっかけで髪を抜き始めることになってしまったの？」

ヒマリさんは，小学3年でのクラスの様子を語り出しました。新しく編成されたクラスで，ヒマリさんは学級委員に選出されたそうです。担任はベテランの女性でしたが，明瞭に指導をするタイプではなく，授業が騒然とすると皆を鎮静する役割は学級委員に期待されました。最初は「学級委員さんお願いします」と促されていましたが，ほどなくヒマリさんは，指示がなくてもクラスが騒がしくなると「静かにしてください」と注意する役割を自ら担うようになりました。学級委員は男子にもいましたが，お調子者でむしろ騒いでしまうので頼りになりませんでした。

ところが，時間の経過とともにクラスは騒然と荒れ始め，2学期になると役割を果たさない日直に代わり，休み時間に黒板を消すのもヒマリさんの仕事になりました。天気の良い業間や昼休みは，黒板を消し終わると教室にはほとんど誰も残っておらず，ヒマリさんは教室の窓から校庭で遊ぶ級友を眺めていたそうです。何度か仲間に加わろうとしましたが，「ヒマリは仕切るから」「うざい」などと断られ，やがて休み時間は一人で過ごす時間となりました。

抜毛は，そんな手持ちぶさたな昼休みに，ふと髪を触った偶然から始まりました。校庭で遊ぶ皆の歓声を聞きながら，1本髪を抜くと，プチっという微かな音と痛みが走り，ヒマリさんは，その次の痛みの強さを確かめるためにもう1本，また1本と抜き出して，いつの間にかクセになっていたというのです。

3年生の冬になると，担任は傷病休暇をとり出勤しなくなりました。担任不在のクラスでは，教頭と教務主任が交代で授業をするようになりましたが，自習時間も多く，授業中の立ち歩きやおしゃべりの他に平然と校庭で遊ぶ級友もいて，喧騒をきわめていました。

その頃，ヒマリさんの髪の内側には円形のハゲが点在しており，最初にそれに気づいたのは母親でした。母親が相談に学校を訪ねると，教頭が話を聞いてくれ，翌年度のクラス編成ではくれぐれも配慮しますとの回答だったそうです。

３　抜毛症の潜伏と過剰適応

ヒマリさんは，当時の女子の関係はずしの標的にされていたことを打ち明けました。

ヒマリ：「いじめられていたと思います。仲間外しの標的になっていましたが，先生にもお母さんにも絶対に言いませんでした」

筆　者：「どうして？」

ヒマリ：「学級委員に選ばれたかったからです。4歳年上の姉も，小学3年からずっと学級委員や生徒会役員をしていて，それはお母さんやおばあちゃんの誇りだったので，学級委員に選ばれたときは嬉しかったし，私の誇りでもありました。でも，お母さんが4年では学級委員は辞退したいと学校に申し出てしまったので，せめて4年後期の学級委員に選出されるためにどうしたらいいか，3年の終わりからずっと考えていました。それで，『仕切る』とか『うざい』とか言われないように，自己主張とか否定は絶対にやめて『面倒見のいいやさしい子』に徹しました」

筆　者：「お母さんのために学級委員になろうと考えたってこと？」

ヒマリ：「いいえ，うちのお母さんは，もし私がお母さんのために何かを選択すると言ったら，自分のために人生をやりなさいと反対します。私は，自分のために学級委員になりたかったんで

す」

筆　者：「なるほど。それはどうして？」

ヒマリ：「学級委員に選ばれた自分が誇らしかったからです。だから，学級委員に選ばれ続ける自分になりたかったんです」

筆　者：「なるほど。4年生のクラスはどんな様子でした？」

ヒマリ：「はい。4年では仲間外し系の気が強い子たちは別のクラスで，おとなしめでやさしい子が集まっているクラスだったので，攻撃もなくてすごく楽しかったです。クラスには知的に低い弱い立場の女子がいて，私はいつもその子が困らないようにサポートしていたから『ママリ』と呼ばれるようになりました。抜毛も，連休頃には治っていて，夏には髪も生えていました」

筆　者：「念願の学級委員は？」

ヒマリ：「後期に選ばれました！ それからずっと学級委員や生徒会の役員をして，ずっと『ママリ』と呼ばれてきました」

筆　者：「面倒見のいいやさしいママのヒマリさんだから？」

ヒマリ：「そうです。それに徹していましたから」

筆　者：「どんなふうに徹したの？」

ヒマリ：「とにかく，自分の意見とかは絶対に言わずに人の話はよろこんでニコニコ受容的に聞いて，敵をつくらないように絶対に相手を否定しないようにして，誰か困っている人の役に立てる役割を探しました」

ヒマリ：「困っている人って？」

筆　者：「クラスに必ずいるんです。ちょっと変わっていて集団から浮いて孤立がちな女子を探して，その子に寄り添っているようにしました」

筆　者：「なるほど――，中学校では？」

ヒマリ：「はい。進学した中学校は荒れていて，私は学級委員だったので，担任から反抗的で荒れている女子グループのサポートをしてもらえないかと頼まれたんです。その女子グループのリーダーは同じクラスで，まずはその女子と仲良くなろうといろいろ話しかけました。サラというんですが，勉強が嫌いで成績はほとんど最下位で，授業を聞いていなくて注意されると先生にくってかかるし，口が悪くてなんでもあけすけで悪口も言いまくってケンカが絶えない問題児でした。がさつで私とは真逆と言われていたのですが，不思議に気が合って，いま思うと中学校の頃が一番楽しい思い出です。サラとは3年間ずっと同じクラスで，卒業のときは先生にもサラのお母さんにもお礼を言われました」

筆　者：「高校は同じでなかったの？」

ヒマリ：「まさか！ 成績が全然違いましたから。私は，同じ中学から数人しか進学しないトップ校だったので，最初は緊張して勉強についていけるか気後れもあって抜毛が再発しました。でも，天然でちょっとトンチンカンな友達ができて治りました。成績が同じくらいだったので，その子とも3年間同じクラスだったし。高校も楽しかったけど，受験が大変でした」

筆　者：「大学は？」

ヒマリ：「コケたんです。第1志望の国立に落ちて，第2志望も落ちて，滑り止めの私立大学に入りました。私は，この大学に入るために小学校から必死で勉強してきたんだろうかと思うと，かなしくて悔しくて虚しくて，抜毛が再発しました。でも，一人で取り残されるのもイヤで，同じ高校の仲間のグループの中にとりあえず入ったのですが，全然話が噛み合わないんです。もちろん，一生懸命皆の話を聞いて必死に波長を合わせました。でもグループの皆は頭の回転が速くて，ついていくのが大変だし，サポートなんか必要な人はいないし，なんとなく噛み合わずに何かが

どんどんずれていきました。それで，夏休みはグループから距離を置いてバイトをしていましたが，皆はグループで旅行に行ったり食事に行ったりして，ものすごく仲良くなっていて，もう私が仲間に入る余地なんか全然ありません。大学ではなんとか必死に皆に合わせてますが，帰宅して自分の部屋で一人になると，抜毛に没頭してしまうんです。プチッというかすかな音と痛みにものすごくホッとするんです。……こんなことを快感だと思う私って絶対に異常ですよね。髪をめくって鏡を見ると，自分のおぞましさに絶望しか湧きません」（涙）

4　アセスメントとケースフォーミュレーション

　初回面接でしたが，ヒマリさんの語り口は明晰で問題の全体像が理解できたので，筆者は面接中に頭の中で情報を整理しました（表7-3）。

アセスメント

（1）問題を維持させている状況
　抜毛行動のきっかけは，仲間はずしを受けた小学3年時の休み時間の手持ちぶさたにありました。授業中うるさい級友に注意するという，担任から期待された役割を遂行したヒマリさんは，級友から「仕切る」「うざい」と疎外されました。そのため，否定的な発言や自己主張を自ら禁じ，孤立がちな級友を助ける役割を担って皆の信頼を取り戻そうと努めました。姉と同じように学級委員を歴任することが理想だったヒマリさんは「（いじめられる）みじめでダメな子」と評価されて教師や級友の信用を失うことを怖れ，「面倒見のいいやさしい子」と評価されることを目標にしたのです。この作戦は奏功し，「面倒見のいいやさしい子」という他者評価を得て，ヒマリさんは学級委員や生徒会役員を歴任しました。そして，「面倒見のいいやさしい子」という他者評価を維持するための努力は，それから大学生の現在にいたるまで継続されていました。

（2）機能分析
　抜毛行動時のヒマリさんは，級友との関係不全に陥ると嫌悪されないように学校では主張行動を

表7-3　ヒマリさんのBPSフォーミュレーション

	生物学的	心理的	社会的
素因因子 Predisposing factors 問題のリスクを高める脆弱性	・4歳年上の優秀な姉	・学級委員や生徒会役員を歴任した姉への憧れ	・姉を誇りに思う母親と祖母 ・小学3年から学級委員や生徒会役員を務めた ・教師の期待に応え，厚い信頼を築いてきた ・地域のトップ高校への進学 ・「滑り止め」私立大学への進学
誘発因子 Precipitating factors 症状を誘発するストレッサーや出来事	・主張行動の抑制	・仲間への迎合 ・手持ちぶさたに一人で過ごす時間	・仲間からの孤立
維持因子 Perpetuating factors 問題を悪循環させるシステム	・抜毛時のプチッという音とかすかな痛みに対する快感	・抜毛に対する没頭 ・「異常な自分」への嫌悪と焦燥	・仲間に対する異質感 ・現実逃避
保護因子 Protective factors 回復を促進する要素	・良好な健康状態 ・優秀な学習能力 ・論理的思考 ・面倒見のいいまじめな性質 ・率直な自己開示力	・大学適応の希求 ・意気投合できる友人との出会い	・カウンセラーとの信頼関係 ・同質の仲間が存在する大学環境

抑制し，帰宅後自室で一人になると抜毛に没頭していました。抜毛時のかすかな音と痛みにいだく快感が抜毛行動を強化し，没頭するほど現実から逃避することができました。抜毛行動は，現実逃避の手段であるだけでなく，抑制された主張行動の代替行動とも考えられました。

（3）スキーマ分析

ヒマリさんは，周囲に評価されるためには「面倒見のいいやさしい子」でいなければならないという完璧主義的な信念をもっていました。小学3年時に考え出した主張行動の抑制とその奏功が「友達に信頼されるために自己主張や否定をせず相手に合わせる」という誤った推論を導いていました。そして，仲間との関係がうまくいかない場面では，より完璧にこのミッションを遂行しようと努めていました。

（4）悪循環の構造

そのため，大学で仲間グループに気後れを感じたヒマリさんは，仲間との信頼関係を形成するために主張行動を抑制し，メンバーに合わせようと必死でした。ところがそれは，学級委員時代のように劣位の級友の「面倒を見る」優位な役割ではなく，話についていけない「みじめでダメな自分」だったため，ヒマリさんは苛立って抜毛に没頭しました。そして，抜毛時に快感を覚えたり，おぞましい円形ハゲが点在する自分を異常だと嫌悪し，その苛立ちがさらに抜毛行動を引き起こすという悪循環をつくりました。

支援方針（図7-1：ケースフォーミュレーション）

（1）認知再構成

ヒマリさんの話は論理的で理路整然としており，自分自身の問題にきちんと向き合う意思の強さをもっていると感じられたため，ヒマリさん自身の不合理で非機能的なスキーマを検討する認知再構成法を選択しました。そして，以下の思い込みについて話し合い，認知の転換を図ることを支援目標として設定しました。

①「面倒見のいいやさしい子」でなければいけないのか
②否定や自己主張せず相手に合わせることは仲間形成に奏功するのか
③ヒマリさんの抜毛行動は異常なのか

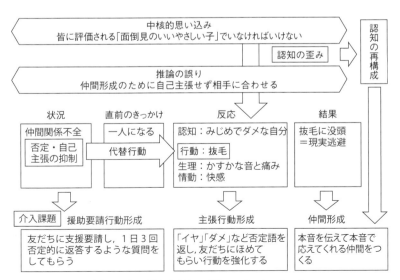

図7-1　ヒマリさんのケースフォーミュレーション

(2) 環境調整と主張行動の形成

　ヒマリさんの不安は，仲間形成の失敗によって生じているので，結果的に仲間との関係形成ができるようにサポート要請行動を促進します。感情を解放して本音での会話を成立させるためには，ヒマリさん自身が封印してきた「否定」を解除することが必須です。そして，自分自身をさらして語るためには一体感をもてる同質の友人探しが必要ですが，ヒマリさんは異質感を募らせながら同じ高校のグループに所属し続けているので，それを脱して同質性を感じられる学友を探してもらうことにしました。

5　過剰適応の背後のアバターとスキーマとの直面

　抜毛がやめられない自身の異常さに対する不安と焦燥を語ったヒマリさんは，涙を流してうつむき，黙り込みました。そこで筆者は「抜毛は，そんなに異常なことなの?」と問いかけました。虚をつかれたようにぽかんとしているヒマリさんに，筆者はなぜ中学時代に水と油と言われたサラさんと息が合ったのだと思うかと質問しました。

ヒマリ：「普通は，そういう子とつきあうとお母さんが心配すると思うけど，うちは『あなたがしっかりしていればいいんじゃないの』と言ってくれたし，何人もの先生がねぎらってくれたし，やりがいがありました」

筆　者：「うーん，主語をヒマリさんにして考えてほしいんだけど，サラさんは言いたい放題だったのでしょ?」

ヒマリ：「そうでした。すごく汚いことばもつかったし」

筆　者：「そういうときはヒマリさんはどうしてたの?」

ヒマリ：「否定も肯定もしないで笑って聞いてました」

筆　者：「葛藤はなかったの?」

ヒマリ：「なかったです。いつもすっきりしてました」

筆　者：「それは，どうしてだと思う?」

ヒマリ：「サラは，口は悪いけどいつも結構納得できること言ってたし。不良系っていうか，素行が悪い子たちのリーダー格がサラだったから，柄は悪いけど正しいっていうか，確かにそうだと思うことを言ってくれてたんです」

筆　者：「ヒマリさんも納得できていたの?」

ヒマリ：「はい。先生が相手の時も，確かに先生の方が間違っていることをズバッと指摘してたし，サラの言うことは大体いつも納得できてました」

筆　者：「つまり，ヒマリさんも本当は心の中で思っていたことをサラさんが言ってくれたってこと?」

ヒマリ：「そう言われると，確かにそうでした。サラは，私が思っていることの何倍も激しくののしるので，私は『もうやめなよ』っていう役でしたが，内容は正しいと思っていたので，いつもすごーく晴れやかですっきりしてました」

筆　者：「それは，サラさんがヒマリさんの言いたいことを代弁してくれていたということ?」

ヒマリ：「えっ……（沈黙）確かにそうかも……。そのおかげですっきりしてたんでしょうか?」

筆　者：「どう思う?」

ヒマリ：「……そうです。そう考えてみれば確かにそうかもしれません。成績が対極だったので，先生は私が面倒を見ていると思っていたけど，サラは姉御肌で私が面倒見てもらったこともあり

ました。学級委員や生徒会でトラブって，誰かが私を否定すると，いつもものすごい勢いで反論してかばってくれました」

筆　者：「そんなときヒマリさんはどうしてたの?」

ヒマリ：「いつも，もういいからやめなよって……私は悪く言われても大丈夫だけど，相手が傷つくからやめなよって止めに入ってました」

筆　者：「完璧に『面倒見のいいやさしい子』だね。サラさんのおかげじゃない?」

ヒマリ：「はい。そうだったと思います」

筆　者：「ヒマリさんは，いつもすっきりしてたんでしょ? 自分が悪く言われてるのにどうして?」

ヒマリ：「気にしないようにしてたし」

筆　者：「もし，サラさんがいなくてもすっきりしてたと思う?」

ヒマリ：「……いいえ，中学校時代が一番すっきりして楽しかったので，確かにサラのおかげだと思います」

筆　者：「どうしてだと思う?」

ヒマリ：「サラが，私の言いたいことを代弁してくれたんでしょうか」

筆　者：「どう思う?」

ヒマリ：「そうです……そうでした。私が思っていることの何倍も口汚く言ってくれるから，私はすっきりしてもうやめなよって気分よく言えてたと思います」

筆　者：「ジキルのように?」

ヒマリ：「えっ……確かに……サラはハイドをやってくれてたのかも。サラがハイドをやってくれていたから私はジキルをやれたのかも」

筆　者：「『面倒見のいいやさしい子』として評価されながらね」

ヒマリ：「確かに……ハイドあってのジキルだったなんて……(涙)本当は，私はサラに助けられてたんですね……」

筆　者：「ヒマリさんは，いまも『面倒見のいいやさしい子』でなければいけないの?」

ヒマリ：「えっ……全然，そんなことありません」

筆　者：「自己主張しないで相手に合わせることは，友達づくりに意味があるの?」

ヒマリ：「(沈黙)全然，意味なんかありません」

筆　者：「それは，すでに中学生の頃のヒマリさんではないって言っているように聞こえるけど?」

ヒマリ：「言われてみればそうですね。自己主張しないで相手に合わせるなんて，むしろ軽蔑されますよね。バカみたい……何やってたんだろう……」

筆　者：「ではあらためて，この問題の本質は何だと思う?」

ヒマリ：「(沈黙)いい子でいようとして言いたいことを言わない自分……」

筆　者：「言いたいことを言わないことが問題なのだとしたら，抜毛は，自己主張を封印していい子を演じる異常さに警鐘を鳴らす健全性の象徴なのではなかったの?」

6　認知再構成のための課題

　しばらく沈黙した後，ヒマリさんは泣き出し，それは号泣に変わりました。「私は，異常じゃない」と何度も繰り返す一方，これまで「面倒見のいいやさしい子」として自ら否定語を禁じ，ポジティブなフィードバックだけを心がけてきたので，いまさら否定的な反応などできないと泣きじゃくりました。それまでの高速回転での鋭い思考と洞察とのバランスを取るかのように，ヒマリさん

はただ泣きじゃくっていました。

　そんなヒマリさんに，筆者は仲間形成と主張行動形成とが同時に達成される課題を与えられないものか思案していました。そして，状況の概略を伝えたら理解してくれそうな友人が大学のゼミの中に見当たらないかと質問しました。すると，一人だけリナさんが該当するかもしれないとヒマリさん。そこで，リナさんに状況を伝え，以下の課題の協力者としてサポート要請できないか提案すると，「リナさんは別のグループだから声をかけづらかったけど，たぶん大丈夫だと思います」とのことでした。

　　　課題：
　　　①協力者であるリナさんから，1日3回を目標に「イヤ」「ダメ」など否定的に返答するような
　　　　質問をしてもらう
　　　②これに対し「イヤ」「ダメ」などの否定語を返す
　　　③できた場合は，リナさんに「えらいえらい」と必ずほめてもらう
　　　④ヒマリさんは「イエーイ」と調子にのり，リナさんとハイタッチして盛り上がる

　課題を提示すると，ヒマリさんは「これならやれそう」と笑顔になりました。

　そこで，リナさんへのサポート要請の方法を考え，リハーサルを行いました。昼休みをはさむ2時間目の授業の終わりに「ちょっと相談させてほしいんだけど，いいですか」と話しかけ，大学適応に悩んでいて，相談室の先生に相談したら，小学校の頃から友だちに合わせすぎて否定できないことが欠点だと指摘され，課題が出されたこと。その協力者の選抜を迫られ，リナさんの他にはいないと思って相談していることを伝えるというものです。

7　2週間後の第2回面接

　ヒマリさんの報告によると，前回の面接の翌日，おそるおそるリナさんにサポート要請をしたところ，即座に快諾が得られたとのことでした。リナさんも，大学という新しい環境で本音を語り合える仲間を求めていたのだと，ヒマリさんの打ち明け話に感謝してくれたというのです。それを聞いたヒマリさんは，リナさんへの親和感が一気に増し，昼休みの始まりに声をかけたのに，そのまま午後の授業をサボって夕方のアルバイトの時間まで食堂で話し続けていたのだと，うれしそうに経緯が報告されました。

　否定語の課題は，毎朝リナさんが通学の電車の中で考えて来てくれ，顔を合わせるなり「トイレをがまんしたい？」「ゼミの男子にランチをたかられたい？」などの質問がされるのだそうです。すると，ヒマリさんは爆笑しながら迷わず「イヤ」と答えてハイタッチで盛り上がり，それからのおしゃべりがあまりにも楽しいということでした。

　リナさんが率直に話をしてくれ，きちんと自己主張をしているので，気づくと自分もしっかり主張するようになっていて，そのやりとりがとても心地良いとのことでした。相手が本音を語っているのがわかるから自分も本音を語ることができ，本音を伝えると相手も本音を語ってくれることを実感し，見せかけにこだわってきた自分がいまさらながら愚かで恥ずかしいとヒマリさんは振り返りました。

　抜毛行動は，初回面接後一度も再発しておらず，たった2週間しか経っていないのに，先々週の自分はもはや遠い過去に感じると，主張し合える友人を得たよろこびが語られました。2週間前の面接の日は，帰宅後リナさんへのサポート要請のリハーサルに余念がなく，ヒマがなくて抜毛には

いたらなかったのだそうです。そして，リナさんに援助要請をして意気投合してからというもの，毎日楽しくて抜毛の必要がなくなったということでした。

　主訴である抜毛行動が消失し，十分な大学適応感が獲得されていたため，面接はヒマリさんが必要と判断するまで見合わせることにしました。

8　フォローアップ

　1月　　後期の授業終了時に電子メールで状況を確認すると，初回面接以来抜毛行動は消失しており，リナさんとの交流を深めて大学生活を楽しんでいるとのことで，その後の面接は設定しませんでした。

　1年後　　電子メールで状況を確認すると，ヒマリさんは相談室に立ち寄り，リナさんを通して交流が広がり，仲間ができて充実した大学生活になったことが語られました。仲間とは，同質で対等ゆえに本音を語り合えるものだとわかったとヒマリさん。筆者との相談は，誰にも話せなかった抜毛について語ることができた最初の他者との出会いだったのだそうです。2年の夏に抜毛行動の経緯を母親とも話す機会があり，筆者から抜毛を健全性の象徴と評価されたことを話したら，「お母さんにも打ち明けてほしかった」と涙を流してくれ，自分は母親の評価にもこだわって本音を語れなかったのだと愕然としたとのことでした。そして，母親とも本音で話すようになり，自分の理解者が増えてさらにストレスが少なくなったことが語られました。抜毛癖から立ち直ったことは，自分を自分で変えていけるという自信につながったと思うとヒマリさんは語りました。

9　抜毛症に対する支援技法の選択

　アメリカ心理学会（APA：American Psychological Association）の文献データベース（PsycINFO）によると，抜毛症に対する治療法は認知行動療法を選択することが一般的であり，さらにその中心技法として行動療法の習慣逆転法が定着しています。抜毛場面をセルフモニタリングさせ，抜毛のタイミングでその手を机に置く，本をつかむ，両頬をはさむなど，同時には抜毛が行えない代替行動を練習させるというものです。

　マニュアル化されているマルチプル（多次元）セラピーでは，まずは抜毛場面を自覚するためのセルフモニタリングがトレーニングされ，次に抜毛場面で本や椅子の両脇をつかむなどの代替行動ができるように習慣逆転トレーニングが行われます。これに並行して，「衝動には抗えない」から「衝動を克服しよう」と自動思考を転換させる認知再構成法，抜いた髪を拾い集めて1本ずつ数えながら抜毛本数を記録させる罰刺激法，指にバンドエイドを貼り抜毛行動を意識しやすくするなどの刺激統制法，回復後実行したいイベントや髪型を貼り出すなどの動機づけ強化法などが事例のニーズに応じて選択されます（Keuthen, Stein, & Christenson, 2001）。

　また，認知療法では，呼吸法を用いながら現実の出来事をあるがままに受け入れる1週90分のマインドフルネス・トレーニングも活用されています。

10　本事例での支援技法：認知再構成法の選択

　世界の潮流はどうであれ，筆者は本事例の主技法として認知再構成法を選択しました。PsycINFOでの事例報告では，抜毛症に対して認知再構成法を主技法とする選択は世界中で1事例も検索できません。それなのに，迷わず筆者が認知再構成法を選択したのは，ヒマリさんが「面倒

見のいいやさしい子」という評価に強いこだわりを抱いており，そのために長期にわたって行動を統制してきたことが理解できたからです。ヒマリさんの抜毛行動を消失させるためには，この価値観の歪みに介入することが必然の選択だと思われました。

　そこで介入では，抜毛行動もなく最も充実していたと認知されている中学時代に注目しました。その焦点は「言いたい放題の」サラさんが自分の言いたいことの「何倍も激しく言ってくれる」ことで，なぜヒマリさんは晴れやかにすっきりすることができたのかについてです。筆者との話し合いの中で，サラさんの存在がアバター（分身）として代弁機能を果たしており，ヒマリさん自身は自己主張をせずに主張を達成し，さらに「面倒見のいいやさしい子」と高く評価されてあらゆる欲求が満たされていたことに気づきました。そしてヒマリさんは，「いまも『面倒見のいいやさしい子』でなければいけないの？」「自己主張しないで相手に合わせることは，仲間づくりに意味があるの？」という筆者の問いを即答で否定したあと，問題の本質は「いい子でいようとして言いたいことを言わない自分」にあると自ら答えを導いたのでした。

　アバターに補完されていた中学時代の擬似適応について理解できた後は，パズルを解くように以下の認知が再構成されていきました。

　①「面倒見のいいやさしい子」でなければいけないのか ⇒ そんなことはない
　②自己主張や否定をせず相手に合わせることは仲間形成に奏功するのか ⇒そんなことはない
　③抜毛行動は異常なのか⇒異常なのはいい子でいようと自己主張や否定を封印すること

「異常なのはいい子でいようと自己主張を封印することで，抜毛はそれに警鐘をならす健全性の証ではないか」という筆者のたたみかけに，沈黙を経て号泣し，泣きじゃくりながら「異常じゃない，良かった……」と繰り返している様子からも，ヒマリさんの認知の反転ぶりがうかがえます。

11　認知再構成法＋主張形成法＋集団社会化療法の選択と効果

　ヒマリさんが「面倒見のいいやさしい子」役割に固執した背景には，学級委員として担任から期待された級友を注意する役割を担ったところ，仲間はずしの対象になったいじめ被害の経験がありました。この時のやるせない強烈な孤立感が抜毛行動のきっかけとなったのです。そこで，学級委員として再選され，なおかつ仲間から受け入れられるために，ヒマリさんが必死に編み出したのは「面倒見のいいやさしい子」という役割でした。ヒマリさんは，新しいクラスが編成されると「面倒を見る」対象を探して寄り添い，小学3年から自らの言動をコントロールし続けてきたのです。「面倒見のいいやさしい子」を具現した小学生のヒマリさんは，計画どおり学級委員を歴任しましたが，大学生になって面倒を見る必要のない自立度の高い学友との対等な関係をつくれなくなり，その孤立感から抜毛行動が再発しました。したがって，ヒマリさんの抜毛行動を消失させるためには，仲間との関係に孤立感が発生しないことが必須の条件でもありました。

　しかし，健全な大学生にとっての友人評価のポイントが「面倒見のいいやさしい子」であるはずがありません。そして，ヒマリさんが自らに課してきた「自己主張をせず相手に合わせる」だけでは仲間を引き寄せることができません。お互いに自己主張をすることで相手を理解し，自分との同質性に惹かれ合って仲間形成が実現されるのです（Harris, 2006）。

　仲間は，同質性が高いどうしであるほど強く惹き合います。そこで，筆者が好印象を獲得している学友の有無について確認すると，ゼミの中に該当者が存在しており，サポート要請した場合の反応を予測させると「たぶん大丈夫だと思います」と，相性のよさと信頼感をすでに獲得している様子がうかがえました。ところがその一方で「彼女は別のグループだけど」という遠慮が伴っており，リナさんへのサポート要請を実行させるには，その抵抗を弱めるための操作が必要でした。そ

こで，リナさんへのサポート要請を課題として明瞭に提示し，ヒマリさんには課題を遂行する「いい子」の役割を与えました。知性的で真面目なヒマリさんは，不安が高くても課題として与えられれば義務感からきちんと遂行することが予測されたからです。さらにその一方で，失敗した場合に自己否定から症状を悪化させないために，筆者主導でリハーサルを行い，練習とともに遂行責任の所在が筆者に外在化されるように操作しました。

　また，課題は，不安が拮抗制止されるように発声や身体運動反応を盛り込んでゲーム化させ，学友との交歓が深まるように工夫しました。

　果たして，ヒマリさんはリナさんにサポート要請をして課題を遂行しました。その結果，2回目の面接では「リナさんが率直に話をしてくれるので，気づくと自分もしっかり主張してそのやりとりがとても心地よい」「(抜毛行動は)面接後一度も発現しておらず，たった1週間しか経っていないのに，先週の自分はもはや遠い過去に感じる」と，仲間形成の達成と抜毛行動の消失が報告されたのです。それまで自己主張を制御してきたヒマリさんに，友人とともに対人関係づくりのモデルが獲得されたことがわかります。

　こうしてヒマリさんは急速に適応行動を獲得し，大学適応を促進していきました。

12　本事例を一般化するのは危険です

　本事例の特徴は，ただ一度の面接でスキーマを特定し，認知再構成が達成できたことにあります。その要因として，ヒマリさんが知性と感性の両面に優れ，理路整然と言語化したり，整理しながら思考し，洞察する高い能力に恵まれていたことを見逃すわけにいきません。本事例で，最初から認知再構成法を選択できたのは，ヒマリさんが質問を的確に理解して自身の問題と結びつける知的な資質に富んでおり，その回想が明晰で，たやすくスキーマを特定できたためです。

　また，適応上の危機としてヒマリさんが抜毛以外のことを問題にしておらず，支援目的を抜毛行動の消失に絞ることができた点も重要な要因です。

　さらに環境的要因として，課題を的確に受け止め，センスよくサポートしてくれたリナさんの高い資質と人柄のよさに支えられて奏功した介入でもありました。母親との関係においても，ヒマリさんが「最善の理解者」と評価し，家庭でのソーシャルサポートに恵まれていたことも，その後の適応の重要な要因となりました。もし，重要な環境要因であるリナさんとの関係や母子関係の問題が表出されていたら，その調整のために介入が長期化した可能性もあるのです。

　他方，本事例の可能性に目を向けると，抜毛症に対する介入方法として，先行研究には活用されなかった認知再構成法の効果を報告できたことが挙げられます。個別支援では，事例の特性に応じて，功を奏する方法には多様な可能性が存在しています。認知行動療法の介入技法のバリエーションを身につけ，クライエントの問題解決の可能性を広げましょう。

拮抗制止法とおまじない法

第8章

1 田上(1984)の高所恐怖の小学生に対する行動療法

　ケンタくんは，通学路の歩道橋から眺める道路が怖くて，母親の車送迎でしか登校できない高所恐怖の小学1年生でした。大学の相談室で相談員をしていた田上は，ケンタくんを迎えると，ジャンケンのグリコをしながら屋外に連れ出しました。グリコとは，ジャンケンのグーで勝ったら「グリコ」と3歩進み，チョキで勝ったら「チョコレート」と6歩，パーで勝ったら「パイナップル」と6歩進むことができる遊びで，負けた人はその場で止まっていなければいけません。

　ノリノリでジャンケンを振り出す勢いのよさに，田上はケンタくんを校舎の外階段に誘導しました。ケンタくんはジャンケンで勝つたびに「グリコ」「チョコレート」「パイナップル」と夢中で階段を進みます。4階まで上ったところで，田上はケンタくんに声をかけました。「ケンタくん，僕たち4階まで上ってきちゃったよ」。現実に引き戻されたケンタくんは，階下の景色を見て震え上がり，田上のおんぶで階段を降りると再度グリコで相談室に戻りました。

　次のセッションでの田上は，ベニヤ板を買い込み，ケンタくんと一緒にノコギリを引き，ローラーをねじ止めしてスケートボードを製作しました。

　その次のセッションでは，ケンタくんを屋外に連れ出し，グリコをしながら大学のそばにある歩道橋の階段を上りました。田上に誘導されたケンタくんは，歩道橋の上でスケボー遊びをしました。スケボーに夢中になったのを見計らい，田上は通行人の邪魔にならないようにとケンタくんを歩道橋の右端に誘導しました。手すりに触れるほどの端っこに移ってからも，ケンタくんはスケボーに夢中で歩道橋を行ったり来たりし続けていました。

　「うまくなったね，すごいすごい！　ほら，きっとあの車の運転手さんも感心して見てくれているよ」と，田上は橋下の車に手を振りました。通り過ぎる車の中には手を振ってくれる運転手も出現し，ケンタくんもそれを見て手を振り返しました。歩道橋でのスケボー遊びには，上手にできたら手すり越しに橋下の車に向かって手を振るという遊びが加わりました。

　ケンタくんが誇らしげに手を振る歩道橋の右端は，そこからの景色が怖くて登校を拒んだまさにその場所でした。それが田上の誘導で，いまや大はしゃぎの遊び場と化していたのです。

　そのセッションの終わりに，田上はスケボーをケンタくんにプレゼントしました。同伴の母親には，ねだられても休日まで封印し，父親に歩道橋に連れて行ってもらって遊ばせるように指示しました。

　ケンタくんの自宅から一番近い歩道橋は，通学路の歩道橋でした。ケンタくんは，父親の休みを待ちわび，スケボー遊びをせがみました。土曜日の朝，歩道橋でのスケボー遊びが始まりました。歩道橋中央でのスケボー遊びを右端に移し，うまくできたら橋下の車に手を振るという田上の支援デザインが再現されました。翌日の日曜日もケンタくんはスケボーに興じました。

　手すりから道路を眺め，橋下の車に誇らしげに手を振る我が子に父親が言いました。「もう歩道

橋は怖くないね」「うん」とケンタくん。ケンタくんは翌日から歩道橋を渡る徒歩での登下校ができるようになりました。

2　田上（1983）の動物恐怖セラピー

　小学3年のタクくんは，動物が苦手でした。吠えられてからイヌが怖くなり，登下校でも，庭にイヌ小屋がある家を避けて回り道をするようになりました。やがて，イヌへの恐怖心は汎化されて他の動物も苦手になり，ネコやハトも怖いと思うようになりました。祖母の家ではネコを飼っていたので，それが怖くて家に上がることができません。

　大学の相談室でタクくんの担当になった田上は，3セッションずつ3段階での9回構成の支援計画を立てました。

　第1段階では，イヌの動画を見せながらスクリーンに赤い光を点滅させ，そのたびにカウンターボタンを押して点滅数を数えさせました。イヌを見るというエクスポージャー（現実直面）に並行して，赤い光を見たらカウンターボタンを押すという身体運動反応を用いた課題は，イヌへの不安から注意を外して恐怖反応を拮抗制止し，それを繰り返すことで恐怖心を脱感作しようというものです。

　第2段階では，ヘッドフォンでイヌの鳴き声だけを聞かせ，そのたびにカウンターボタンを押して鳴いた回数を数えさせました。エクスポージャーは視覚刺激から聴覚刺激に変わりました。

　第3段階では，大学の裏庭で現実のイヌと直面させました。イヌは，大学の近所に住んでいる知り合いから借りてきて裏庭につなぎました。さらに，田上自身の息子からラジコンの戦車を借り出し，その上に皿を置いてソーセージを乗せました。タクくんの役割はリモコン操作です。綱につながれてわずかな距離しか動けないイヌに，離れた場所からリモコンを操作し，戦車のエサを届けて食べさせてあげようというものです。

　イヌを見て震えていたタクくんは，田上の手ほどきを受け，ほどなくリモコン操作に夢中になりました。イヌは，戦車に乗っているものがエサだと気づくと，尻尾を振って接近を待ちました。戦車が軌道を外れて遠のくと，「クーンクーン」と鳴いてエサをねだります。リモコンを握りしめたタクくんは，操作が面白くなるにつれ，いつの間にか戦車とともにイヌに近づいていきました。ときどき，ふと我に返ってイヌから離れ，元の位置に戻りましたが，夢中になるとどんどん近づき，イヌにエサを与えようと必死の奮闘が繰り返されました。

　イヌとのセッションの2回目ではイヌへの接近の頻度が高まり，3回目では戦車の操作だけでなく，棒の先にソーセージを乗せて直接エサを与えるまでにいたりました。

　このセッションを経たタクくんは，道端にイヌがいても，その脇を通れるようになりました。ネコがいても祖母の家に上がってくつろぐようになりました。それだけではありません。学校からの帰りが遅いので，母親が様子を聞くと，通学路の家の庭でつながれたイヌと遊んでいたとのことで，母親はタクくんに「イヌを飼いたい」とねだられているそうです。

3　プレイセラピーで田上がデザインした拮抗制止法

　筑波大学大学院のカウンセリングコースの授業で紹介された田上教授の事例は，当時SCだった筆者にはあまりにも鮮烈でした。

　クライエントの少年は，いずれも短期間のセッションで恐怖症を克服していました。しかも，恐怖刺激との直面場面が巧みにゲーム化され，遊びとして楽しくセラピーに参加しているうちに，恐

怖刺激が快刺激に転換されていくのです。田上のセラピーは，恐怖を消去してマイナスをゼロにするだけでなく，恐怖刺激が楽しい遊び道具と化して，忌避感を親和感に反転させる魔力を発揮していました。

　あたかも無痛分娩のように痛みを伴わずに認知を転換させ，問題行動の消去を超えて積極的な適応行動を生み出してしまう，この田上マジックを学びたいと，筆者は授業を受けながら弟子入り志願を固めていました。

　田上（1983, 1984）の着想は，ウォルピ（Wolpe, 1954）の系統的脱感作法にありました。それは，不安階層表を作成して低次の恐怖刺激からスモールステップでリアルな恐怖刺激に直面させ，それを克服できたという経験の積み上げで恐怖反応を消去する代表的な行動療法です。提示した刺激との直面で恐怖反応が引き起こされると，セラピストは呼吸法を用いたリラクセーションを誘導して恐怖反応を拮抗制止します。そして，不安がおさまったことを見届けてエクスポージャーを再開し，その繰り返しで脱感作に導きます。系統的脱感作法での主役は，克服すべき恐怖刺激への直面にあり，拮抗制止法は，そこで引き起こされる恐怖反応を制止するためのいわば脇役ともいえ，エクスポージャーとリラクセーションの繰り返しが馴化（慣れ）を導きます。

　これに対し，田上の支援方法はエクスポージャーと拮抗制止のサンドイッチによるステップアップではありません。支援場面の中に恐怖刺激が織り込まれ，恐怖刺激への接近によって，よりおもしろいゲームとなるように巧妙なしかけが埋め込まれているのです。動物恐怖の事例では，第1段階では動画のイヌの発見で，第2段階ではイヌの鳴き声でカウンターボタンを押すという，身体運動反応を用いた拮抗制止法が実施されました。いずれもセラピー後はイヌという刺激に対して脈拍数に改善がみられましたが，第3段階で本物のイヌに直面すると，恐怖反応が引き起こされて震え出し，イヌ恐怖そのものの改善にはいたらなかったことがわかりました。

　タクくん自身の自発行動としてイヌへの接近が生じたのは，彼がリモコン操作に夢中になった後のことでした。田上は，綱につながれたイヌを遠景に置いたまま，震えているタクくんにリモートコントローラーを握らせて操作を教え，戦車の操縦に注意を集中させました。戦車が接近して皿の上のソーセージを発見したイヌは，さかんに尻尾を振ってエサの到着を待ちわび，戦車が遠のくと「クーンクーン」とあわれに鼻を鳴らしました。セラピストの田上は，イヌの反応に合わせてすかさず声をかけ，いかにも楽しく場面を盛り上げていたに違いありません。なんとかイヌにエサを届けようと必死になったタクくんは，震えながら始めた第3段階の初日，その日のセッションの終わりには自分からイヌに接近するまでに変化していたのです。

　第3段階でのセッションで，タクくんに急激な接近行動が起きたのは，イヌと共存するセラピーの中で「楽しい」「おもしろい」という情動が湧き上がったためでした。このポジティブな情動が「不安」「怖い」というネガティブな情動や恐怖反応を拮抗制止しただけでなく，イヌの存在を「怖い」から「楽しい」に反転させたのです。

　高所恐怖のケンタくんは，初回のセッションでグリコに夢中になって大学の外階段を上り，次のセッションでは怖くて登校できなかったはずの歩道橋にも上りました。ジャンケン遊びでの身体運動反応と楽しいという情動が結びつき，夢中になればなるほど強力な相乗効果が生じて不安・恐怖を拮抗制止し，ケンタくんを高所に上らせていたのです。単なる恐怖反応の消去ではありません。遊びに夢中になった高揚感で，高所恐怖のケンタくんは，自ら好んで楽しく階段を上っていったのです。

　そして，歩道橋では田上と一緒に製作したスケートボードに興じました。それは，最初歩道橋の中央で行われ，やがて右端に誘導されました。ケンタくんは，歩道橋の右端でスケボーを走らせ，上手に乗れると橋下の車に手を振り，車上からも振り返されて田上と笑い合いました。スケボーの

面白さと，セラピストの田上と共に見知らぬ運転手と手を振り合う楽しさと，あんなに無理だと思っていた歩道橋の上でそれができているという自己効力感が強力な相乗効果を生み出していたに違いありません。歩道橋から橋下を眺めるという恐怖刺激は，もはやケンタくんにとって誇らしい快刺激に転換されていたのです。セッション後のケンタくんは，父親にも歩道橋での遊びをせがみました。わずか3回のセッションで，歩道橋は恐怖刺激から報酬へとすり替えられていたのです。

　田上の支援デザインには，恐怖刺激だけを抽出して直面させる場面はなく，それが系統的脱感作法や段階的エクスポージャーと決定的に異なる特徴です。恐怖刺激は背景として埋め込まれ，ゲーム化されたセラピーの中に不安・恐怖の拮抗制止要因がふんだんに散りばめられているのです。注意の転換，身体運動反応，ポジティブな情動反応，不安・恐怖を克服できているという自己効力感などです。いずれの事例でも，とりわけ「楽しい」「おもしろい」という情動の高まりが恐怖反応に対する拮抗制止効果を高めました。

4　カウンセリングでの不安・恐怖の拮抗制止

[1] いじめ場面のフラッシュバックで登校できない女子生徒

　中学校配置のSCだった筆者は，支援デザインに遊び要素を織り交ぜて不安を拮抗制止させる田上式のセラピーを，面接場面でのカウンセリングに援用できないものかと考えていました。

　本事例の仲介者は，中学1年を担任しているマツオジュンペイ先生でした。心身ともに包容力溢れる40代で，趣味ダイエット特技リバウンドと豪語し，先生にも生徒にもマツジュンと親しまれていました。

　マツオ先生の心配は，不登校ぎみのユヅキさんのことでした。ユヅキさんは，おとなしめの仲良しグループに属しているちょっと引っ込み思案で気持ちのやさしい，成績も運動も標準的な女子生徒でした。ところが，櫛の歯が欠けるようにポツポツと欠席するので，マツオ先生が本人を呼んで様子を聞いてみると，小学6年でのいじめ場面がフラッシュバックし，不安と恐怖で動けなくなってしまうというのです。10月時点では，すでに累計欠席が30日に迫っていました。マツオ先生は，フラッシュバックと聞いて自分の手には負えない深刻な心理的問題のように感じ，SCによるカウンセリングを勧めてみると，本人も相談を希望しているのでお願いしたいとのことでした。

　フラッシュバックとは，心的外傷後ストレス障害（PTSD）や急性ストレス障害での特徴的な症状の1つで，強いトラウマ（心的外傷）体験を受けた場合，落ち着いたあとになってその記憶が突然かつ鮮明に思い出されたり，夢に見たりする現象です。

　相談室を訪ねてきたユヅキさんは，黒目がちのかわいいお嬢さんでした。どんなことに困っているのかを問うと，時々ふいに襲われるフラッシュバックの恐怖が語られました。ふとしたことでいじめ場面が湧き出してきて，すると体が凍りついて頭が真っ白になり，いつの間にか時間が経過していて結局欠席してしまうというのです。

　小学6年でのユヅキさんのクラスでは，女子の仲間はずしが起き，これに対する担任の指導に納得できなかった子供たちの反発で授業崩壊を起こしていたのだそうです。クラスには，男女ともにそれぞれのボスがいて，その時々の気分で誰かが仲間はずしの標的にされ，ユヅキさんもその対象となりました。ユヅキさんは，攻撃の翌日から欠席し，担任の家庭訪問のあと母親にも促されて再登校を始めましたが，それ以来クラスが怖くて欠席がちになったのだそうです。

　筆者はユヅキさんに中学校でのクラスについて聞きました。すると，今年の担任は生徒指導に定評があるベテランの実力者で，数学科で授業がわかりやすく，優しいけれど厳しいので，いじめなど起こらないし，仲良しの友達もいて，クラスで困ることは何もないとのことでした。

　困っているのは、ふいに自分の内側から湧き上がってくるフラッシュバックだけだというのです。いじめ場面を思い出してしまうとすくんで動けなくなってしまいます。そのすくみがフラッシュバックだと教えてくれたのは看護師の母親で、SCへの相談は母親にも勧められて来たとのことでした。フラッシュバックが消失するためには癒しが必要なので、カウンセリングで癒されてほしいとの母親の願いもありました。

　筆者は、フラッシュバックでどんなことが起きるのかを問いました。すると、6年でのいじめ場面が湧き上がり、それは自分がはずされた場面のこともあるし、自分以外の誰かがはずされている場面のこともあり、とにかくそうなると体がすくんで身動きできず、自分ではどうすることもできないというのです。

　フラッシュバックは、登校に関係する場面で起きやすく、朝の登校の支度中だったり、出かけようとする玄関だったり、少し遅れて登校した日に誰もいない昇降口で起こり、そのまま黙って下校した日もあるのだそうです。フラッシュバックが起きるとユヅキさんはすくんでしまい、気づかないうちに時間が経過してしまうので、ふと気づいたときは「遅刻かも」と思い、大概は欠席を選択してきたとのことでした。

　「もし、遅刻して登校したら、教室に入るとき皆が注目するので、そんな変なことで目立ってしまって、またいじめられたらどうしようと思うと、もう学校に行けないとしか思えません。攻撃は本当に怖いんです」とユヅキさん。

　フラッシュバックが起きるのはほとんど登校場面で、下校では起きたことがなく、夜テスト勉強をしていて起きたこともありましたが、朝ほどひどくないそうです。

　筆者は、フラッシュバックがどのようにして起きるのか、その先行刺激について聞きました。すると、特にきっかけがあるわけでもなく、自分でもわからないうちに、ふといじめ場面を思い出しているのだとユヅキさんは怯えたように顔をしかめました。筆者が、「まるで魔物が湧き出してくる感じ？」と問うと、そのとおりで、いつの間にか取り憑かれて離れてくれなくなるのだそうです。

[2] 現実直面しないで認知を転換させる方法

　筆者は、ユヅキさんの話を聞き取りながら図解しました（図8-1）。ユヅキさんとの話し合いの中で、いじめ場面を連想すると、いじめ被害を想定した「身動きのしようがない」という制御不能なすくみと恐怖が自動的に湧き上がってくることを確認し、自動思考が同定されました。

　しかし、現実の中学1年のクラスに攻撃は存在せず、怖れは現実的とはいえません。そこで筆者は、いじめが現在は消失していることを確認し、認知の修正を試みるために、実際には攻撃が存在しないことに注目させようと話を向けました（図8-2）。

　ユヅキさんは、いまは攻撃がないことにも、クラスは担任に守られていて去年とは違うことも、平和なクラスの居心地のよさにも同意しましたが、「わかっているけど、無理なんです」と机に顔

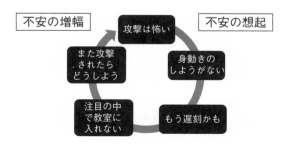

図8-1　フラッシュバック時の想起内容

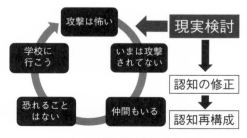

図8-2　現実検討での認知修正モデル

を伏せました。フラッシュバックは，理屈を超えて魔物のようにふいに湧き上がってきて，抗いようがないラスボス（ラストシーンで登場するボスキャラ）なのだそうです。

「身動きのしようがない」という自動思考のどうしようもないスキーマがフラッシュバックを誘発していました。その攻撃は実在しないのですが，ユヅキさんに現実検討を促しても，ひたすら直面を避け続けるので，その不安を理性で制御できるとは思えませんでした。ユヅキさんは，ラスボスが出てきた時点で，「もう無理」だという無力感に取り憑かれてしまうというのです。

非機能的な自動思考に支配されているのですから，なんとか認知の再構成をはかりたいところですが，自動思考を同定できてもユヅキさんに現実検討をさせることができません。認知の修正に持ち込むためには，詳細な現実検討の中で思考の飛躍を自覚してもらうことが必須なのです。

自動思考についての現実検討がかなわないのなら，ここで田上のあの拮抗制止を導入できないかと，ふと筆者は思い立ちました。恐怖刺激に直面させず，セラピーをゲーム化して「楽しい」「おもしろい」ポジティブな情動で不安を拮抗制止するのが田上の支援デザインの特徴です。

筆者は，ユヅキさんに攻撃という刺激語を検討させるのをやめました。フラッシュバックが不可避なのだとしたら，それと戦って勝てるユヅキさんになってもらったらどうでしょうか。

筆　者：「ラスボスと闘って勝てる戦略を考えない？」
ユヅキ：「戦略って？」
筆　者：「ラスボスより強くなれるようにパワーアップすればよいのでないの？」
ユヅキ：「どうやって？」
筆　者：「ユヅキさんの周りにラスボスに勝てそうな人っている？　ユヅキさんの知り合いの最強メンバーを集めて，おまじないをつくれないかと思うんだけど」
ユヅキ：「えっ？　おまじない？」
筆　者：「うん，ラスボスに勝てそうな友達いない？」
ユヅキ：「ヤエちゃんだったら」
筆　者：「うーん，あと２人くらいいてほしいんだけど。フラッシュバックが起きたら，その３人を守護神にしておまじないでパワーアップしたらどうかと思うのよ」
ユヅキ：「守護神にしてパワーアップ？……じゃあ，マツジュン」
筆　者：「なるほど，それは強そうだわ」
ユヅキ：「それに中村先生も。なんか中村先生なら魔物が近づかなそう！」

筆者は３人のフルネームを書き出し，その中から８文字を抜き出して組み合わせ，「エイヤマツジュン」というおまじないをつくりました（図8-3）。筆者は，もし次にフラッシュバックが起きたら，そのおまじないを３回唱えてラスボスを撃退するように指示しました。

ユヅキ：「エイヤマツジュン……。エイヤ！マツジュン！！なんだか勝てそう，っていうか絶対勝てちゃうと思う。エイヤ！マツジュン！！」

ユヅキさんは，おまじないが気に入って何度も繰り返しました。

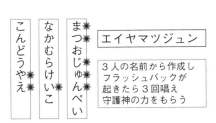

図8-3　パワーアップのおまじない

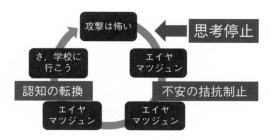

図8-4　おまじない法での悪循環の遮断

[3] おまじないでの拮抗制止＋自己教示＋モデリングと症状の消失

　2週間後の面接にやってきたユヅキさんは，その間にフラッシュバックが2回あったことを語りました。ところが，おまじないを唱えると，イメージの悪循環が遮断され，登校準備を続けることができたそうです。

　　　　　　　　　　筆　者：「3回唱えられた？」
ユヅキ：「いえ，もういっぱい唱えてました。無限大くらいに（笑）」
筆　者：「そんなに唱えたの？」
ユヅキ：「はい。呪文みたいに毎日唱えてました」
筆　者：「ラスボスより強かった？」
ユヅキ：「はい。最強です。学校も休んでいません」

　筆者はユヅキさんに，困ったらいつでも相談するように伝えました。ところが，それっきり何も連絡がありませんでした。卒業式を前にした2月末に，筆者は偶然保健室でユヅキさんに会いました。ユヅキさんは友達の付き添いだというので，昼休みに相談室に呼び，その後の経過を聞きました。
　ユヅキさんは，面接以降も何度かフラッシュバックを経験したそうですが，いずれもおまじないを唱えるとラスボスが撃退されたのだそうです。

ユヅキ：「すごいんです。エイヤマツジュン最強です！　あれから1日も休んでないんですよ。それに，頭の良さそうな最強メンバーだったので，テスト勉強のときもずーっと唱えてました。だから，成績も上がりました」
筆　者：「パワーアップできた？」
ユヅキ：「ものすごく効きました！　特にテスト勉強のとき，ヤエちゃんだったらとかマツジュンだったらとか中村先生だったらとか，いろいろ考えてました。ヤエちゃんの成績が良いのは絶対努力してるからだし，先生たちもそうだろうし，これまでの自分だったら諦めてやめて寝てしまうところで，あと少し頑張って勉強したんです。そうしたら成績が上がって，嬉しくて勉強する気になって，また上がって……。それにマツジュンの数学で悪い点なんて取れないし。すっごくパワーアップしたと思います」

　筆者は，マツオ先生にも確認しました。

マツオ：「実は，面接を依頼した10月に，子供騙しのような方法を聞いて，ちょっとSCの専門性を疑ってました。でも，それから魔法のように欠席しなくなったんです。そして，ユヅキさんの守護神に選んでもらったことで親近感が湧いて，遠慮しないで突っ込めるようになって，仲良くなれたんですよ。ユヅキさんは成績も上がったし，とにかくまるで別人のように明るくなりましたよ。おまじないがユヅキさんに魔法をかけたとしか思えません」

［4］おまじない法の誕生

　ユヅキさんは，いじめ場面を連想すると，自分自身のいじめ被害を想定した「身動きのしようがない」という自動思考が湧き上がっていました。その非機能的な自動思考から無力感と不安・恐怖が増幅してフラッシュバックに立ちすくみ，遅刻で目立った場合の攻撃を恐れて登校できなくなるという悪循環が起きていたのです。

　イメージ先行の非機能的な自動思考に支配された問題行動なのですから，その支援方法の第1候補としては，自動思考を修正する認知再構成法を選択することが妥当と思われました。そこで，筆者は当初ユヅキさんの自動思考に対し，昨年と違っていじめのない中学1年での学級環境を現実検討させようと考えていました。ところが，ユヅキさんの意思力をつかさどる自我強度はとても弱く，さまざまに言葉を尽くしてみても「わかっているけど，無理」と現実検討を受けつけることができませんでした。

　筆者はユヅキさんに現実検討させることを諦め，第2候補としてとっさに湧き上がる自動思考を停止させる思考停止法を援用できないかと考えました。しかし，思考停止法は考えることに意味があるかどうかを検討し，理性で思考にストップをかける技法で，意志の強さが必要です。ユヅキさんの自我強度がそれに耐えられるとは思われませんでした（表8-1）。

　そのため第3の方法として，筆者は「身動きのしようがない」という自動思考が湧き上がった時に，ユヅキさんをエンパワメントするおまじないを唱えさせて自動思考を妨害し，悪循環を断つことを考えました。おまじないのマジックスペル（呪文）として本人を鼓舞してパワーアップさせる要因を織り込み，それを唱えることでネガティブな思考からポジティブに転換させようというものです。

　本事例では，ユヅキさんが苦手な現実検討や困難に立ち向かう能動的な方法を考えるのはやめ，受動的な立場のユヅキさんを護る守護神を創造し，それを象徴するおまじないの作成を考えました。ユヅキさんをエンパワメントし，なおかつロールモデルとして同一化の対象となる強い守護神を創設できれば，ユヅキさんは守護神を心の支えにするはずです。そして，おまじないのマジックスペルにユヅキさんへのエンパワメント要素を盛り込めば，それを唱えるほどに自己教示効果が加わることでしょう。守護神への依存が強まれば強まるほど同一化（モデリング）が進み，マジックスペルがエンパワメントに転換されるのです。

　ポジティブな自己教示を織り込んだおまじないは，自動思考を妨害し，不安を拮抗制止するだけでなく，ネガティブな認知をポジティブに反転させる効果を期待できるでしょう。また，心理的問題に対する直接的な内容を含まないおまじないは，心理的な侵入度が低いため，本人を傷つけるリスクも低く，症状を悪化させる心配が抑制されます。

　自動思考が想起されたタイミングでおまじないを唱えれば，思考の悪循環が遮断され，ポジティブなマジックスペルが認知をポジティブに転換させて適応行動が導びかれるのです。筆者は，これを「おまじない法」と命名しました。田上（1983, 1984）のマジックセラピーのカウンセリング版でありました。

表8-1　認知療法の技法

技　法	内　容
認知再構成法	非機能的な自動思考を同定し，それに替わる適応的認知を学習する ①非機能的な自動思考の同定 ②現実検討 ③認知の修正 ④認知の再構成
リフレイミング	状況についての言い方を変えて意味づけを変える
外在化技法	問題を当事者の外側に存在するものとして取り出す
自己教示法	自分自身に言い聞かせる
思考停止法	考えてもしかたのない思考を同定し， 「ストップ」と教示し「ストップ」させる

[5] 本事例での活用技法：外在化＋リフレイミング＋おまじない法

　本事例でのユヅキさんへのカウンセリングを振り返ると，最初に用いたのは外在化技法でした。外在化技法とは，たとえば「痛いの痛いの飛んでけ〜〜」と痛いところに手を当て，本来は内在するはずの痛みをあたかも外在しているかのように演出し，それをどこか体の外側に飛ばし，ネガティブな要素を外側に出してしまうやり方です。もちろん痛みが本当に飛んでいくわけがありませんが，痛いところに手を当てられた子供は，その手に注目して，体の内側から外側へと送り出される方向に視線を送っているうちに，いかにも痛みが吸い上げられて飛ばされるようなプラシーボ（偽薬）効果が出現するのです。子供は本当に痛みを吸い取られているわけではないと十分にわかっていても，その掌に信頼を寄せていればいるほど，なぜか痛みが和らいだような錯覚を起こし，自分の脳を騙してしまうことができるのです。

　ユヅキさんは，きちんと状況を語る力をもっている中学生でしたが，「自分ではどうすることもできない」弱い自己像が，ユヅキさんの自信を喪失させ，本来の健全性を妨げているように思われました。そのため，「自分の内側から湧き上がってくる」と内在されていたフラッシュバックについて，「いつの間にか取り憑かれて離れてくれない魔物」と外在化させました。フラッシュバックからネガティブな役割を担うユヅキさん像を排除し，本来健全なユヅキさんが魔物に取り憑かれている状態にリフレイミングしたのです。この外在化は抵抗なく受け入れられ，その「魔物」に対してユヅキさん自身が「ラスボス」と命名したことで，外在する怖れの対象であると同時に対決の対象としてもとらえることができるようになりました。

　次に，筆者とのカウンセリングの目的を「いじめ被害のフラッシュバックを癒してもらう」から，外在する「ラスボスと闘う戦略を立てる」ことにリフレイミングし，ユヅキさんの計画を受動から能動にすり替えました。

　ラスボスとのファイターは無力感の高いユヅキさんではなく守護神です。そのため，ユヅキさんの周囲に実在する人物の中から「ラスボスと闘って勝てる」最強の3人を選抜させて守護神に奉りました。そして，その3人の名前を並べて語呂の良い8文字を抜き出し，守護神からエンパワメントされるためのおまじないをつくりました。それは，フラッシュバックを予感したら，湧き上がる自動思考を妨害する武器なのです。呪文の「エイヤマツジュン」は，ユヅキさん史上最強のマンパワーで構成されているので，パワーアップにつながる自己教示ともいえるのです。

　この狙いは功を奏し，ユヅキさんはそのおまじないを毎日唱え，くじけそうになる自分を励ましました。それは自動思考を妨害し，フラッシュバックを抑制しただけでなく，ユヅキさんの成績向上にもつながりました。テスト前におまじないを唱えては，スペルに織り込まれた優秀な級友の努力をイメージし，学習に励んでいたからです。おまじないにはスペルに織り込まれた人材に対するモデリングを促進する作用もあったことがわかります。そしてユヅキさんは，このような成功体験の積み上げによって自信を獲得し，別人のように明るく変貌を遂げました。守護神にパワーアップされ，やってみればできる自分と出会うことができたのです。

5　睡眠時遊行症の女児へのおまじない法

[1] 睡眠時遊行症と診断されたアヤカさん

　SCの筆者が，ある6月の朝に小学校に出勤すると，昼休みに5年のアヤカさんとの面接が組まれていました。担任のユタカ先生によると，アヤカさんはとりたてて不可のない，いたって標準的でおしゃまな女子で，学校では楽しそうに過ごしていましたが，先日母親が睡眠時遊行症について相談にやってきたというのです。

　最初に症状が出たのは 3 月のことだったそうです。就寝したはずのアヤカさんが 2 階の自室からリビングに下りてきて母に話しかけましたが，翌朝はそのエピソードを覚えていませんでした。家族は「寝ぼけたね」と笑い合いましたが，そのようなエピソードが繰り返され，近所の精神科クリニックを訪ねると「睡眠時遊行症」と診断されました。5 日分の抗不安薬が処方され，その間の症状はおさまりましたが，それ以降は，できれば薬を使わない方がよいので，ストレスを避けて長い目で見守るようにと医師に助言されているそうです。

　そのため，一人娘のアヤカさんに対し，家族は極力叱責を控え，外食や行楽を増やしてストレス除去に努めましたが，症状は再発し，週に 1 〜 2 回の頻度でエピソードが繰り返されました。就寝時間の 22 時になると，アヤカさんは戸建 2 階にある自室のベッドに入りますが，23 時ころにリビングに起き出し，「明日忘れ物したらどうしよう」「消しゴムなくした」など母親に話しかけ，そのまま自室のベッドに戻って眠り，翌朝はそれを覚えていないということでした。

　同居の祖父母は，遠方の拝み屋さんを訪ねました。すると，アヤカさんに狐が憑いていると言われたそうです。祖父母は，アヤカさんを連れて祈祷に通いましたが効果がなく，家族一同でも狐を祀る神社の本山でお祓いをしましたが症状は消失してくれません。

　5 年生の 7 月は，1 泊 2 日の宿泊学習があり，アヤカさんも楽しみにしていました。母親は，夜中に起きて誰かに話しかけた場合，それがいじめの種にならないか心配で，担任に相談するため学校を訪ねたのだそうです。ユタカ先生もその話を聞き，夜中に無意識にドアを開けてどこかに行ってしまったり，男子の部屋に迷いこんでしまったりというリスクを恐れました。ユタカ先生の心配を聞いた母親は，想定外のリスクにいっそう青ざめました。

　ユタカ先生は，心理の専門職である SC に相談してみてはどうかと問いかけたそうです。母親は，急には仕事を休めないけれど，ひとまず次の SC 出勤日は本人だけでも相談させてほしいとのことだったのでと，ユタカ先生は 1 時間目の授業を別の先生に頼み，状況を伝えるために筆者を待っていてくれました。本人も母親からカウンセリングを勧められ，本日の昼休みに相談室を訪れることになっているとのことでした。

　睡眠時遊行症とは，夢遊病とも呼ばれる睡眠時の徘徊です。行動は睡眠中の無意識時に起こり，エピソードは意識に残っていないことが特徴です。筆者は，ユタカ先生の話を聞きながら，その症状の背後に意識が作用していなければ認知行動療法は通用しないだろうと考えていました。意識が作用しているとしたら，誤学習が遊行行動を強化しているわけですから，どんな刺激が行動に影響しているのか検討が必要です。意識が作用していないなら，カウンセラーの能力を超えているので，医師に委ねたいところですが，面接予約はすでに組まれていました。

　「ユタカ先生は，意識がはたらいていると思われますか？」
　筆者が問いかけると，ユタカ先生は腕組みをして唸りました。
　「実は，お母さんにも聞かれました。お母さんは，いまさら遊行症ではないといえなくなっていることを心配しています。もし，これがウソだったとしたら，自分たちはどんな対応をすればいいのかと」。

[2] 本人との初回面接

　昼休みに相談室を訪ねてきたアヤカさんは，おしゃれで細身のかわいい女の子でした。SC がどんなことに困っているのかを問うと，あまりにもよどみなく経緯を説明してくれました。それは，ユタカ先生の説明とまったく同じ内容で，いかにも語り慣れている滑らかさでした。

　筆者は，家庭の中で何か困っていることはないかと問い直しました。すると，家族は仲が良くて，

特に困ることはないそうです。とりわけ，5年に進級後は，母親が宿題など学習について干渉しなくなり，家族で外出する機会が増えたといいます。祖父母とお祓いに出かける日の夕食は，両親も合流して皆で外食するそうで，アヤカさんはその食事会をとても楽しみにしているのだそうです。

　家庭で困ることはないというアヤカさんに，それなら学校で困ることはないかと問いかけました。すると，5年での担任のユタカ先生は，授業もわかりやすく，昼休みにクラス遊びを呼びかけ，皆でドッヂボールやケイドロなどの遊びを楽しんでいることが語られました。ところが5月末から，忘れ物をすると集団活動を妨げたペナルティーとしてクラス遊びに加われず，漢字ドリル1ページが課されることになりました。しかも，その監督としてユタカ先生も教室に居残るため，クラス遊びに張り合いがなくなり，昼休みに遊べないうえ，皆に恨まれるので忘れ物だけは困るというのです。

　筆者には，アヤカさんの生活の中に睡眠時遊行症を誘発するストレスがあるようには思われませんでした。睡眠時遊行症は，むしろ母親の干渉を抑制し，家族のイベントを増やす疾病利得をもたらしていました。

筆　者：「睡眠時遊行症が続いて困ることはないの？」
アヤカ：「えーーっ……」

　アヤカさんに困っていることはなさそうです。カウンセリングは，クライエントの困っている問題を確認して，カウンセラーとの共通認識で問題を同定することが第1ステップなので，筆者が聞いた「困っている」情報を土俵に上げてみることにしました。

筆　者：「ユタカ先生とお母さんは困っているみたいよ。宿泊学習でも夜中に別の部屋に行って，もし男子に話しかけたらと心配しているけど……」
アヤカ：「えーっ，男子の部屋なんか行きません」

　思わず筆者はアヤカさんを見つめました。アヤカさんも果敢に目を逸らさず，筆者としばらく見つめあっていました。アヤカさんの「行きません」という発言には意思が含まれているのでしょうか。そうだとしたら，睡眠時の遊行行動にも意思が作用していることになります。

筆　者：「でも，いつも夜中に自分の部屋からリビングに行くのでしょう？ 宿泊学習でも，夜中に自分の部屋から別の部屋に行かないか，ユタカ先生とお母さんはそれが女子の部屋とは限らないことを心配しているよ」
アヤカ：「そんなのイヤです」

　アヤカさんは，ようやく困り出しました。

筆　者：「誰かはやし立てたりする男子とかいるの？」
アヤカ：「……忘れ物王のヒナトくんなら最低！絶対みんなにすぐに言いふらすに決まってる！絶対に，絶対にやだ！！」
筆　者：「そういう男子がいるのか。……だけど，それってヒナトくんの問題ではないよね。アヤカさんが夜中に起きてしまうのが問題なのでないの？」
アヤカ：「そうだけど……私が夜中にお母さんに話しかけるから」

　アヤカさんが困ることは，ようやく「夜中に起きて母親に話しかけること」になりました。母親は宿泊学習での睡眠時遊行症を心配して相談に来校したのに，なぜ，本人は学校での忘れ物以外のことに困っていなかったのでしょうか。アヤカさんにとっての睡眠時遊行症が，不快刺激でなく疾病利得を生み出す快刺激として作用しているのだとしたら，修正対象はその誤学習です。問題行動は，本人を困らせる不快刺激であるゆえに修正の対象となるのです。しかし，どうやらアヤカさんは，睡眠時遊行症に困り感をもっているようには思われません。アヤカさんが困っているのは登校時の忘れ物で，それはクラスでのペナルティーを怖れてのことでした。

　それでは，アヤカさんの誤学習を修正するためにはどんなオペレーションをすればいいのでしょうか。まずは就寝後の遊行行動について，修正対象の問題行動であるという認知の修正が必要でした。現状の就寝後の遊行行動は，疾病利得をもたらす快刺激と結びついていますが，不快刺激と結合しなければ行動修正の動機づけができません。夜中に母親に話しかける遊行行動にペナルティーをつけることはできないでしょうか。

筆　者：「もしアヤカさんが宿泊学習で夜中に別の部屋に行って，誰かに話しかけちゃったら，集団活動を乱すことになるのかな？」
アヤカ：「たしかに……そうかも」
筆　者：「学級の集団活動を妨げるという意味では，忘れ物と同罪といえない？」
アヤカ：「あ……ほんとだ」
筆　者：「学級の集団活動を妨げるんだから，忘れ物と同罪といえるよね」
アヤカ：「たしかに……」
筆　者：「夜中に起きてお母さんに話しかけたら，先生とお母さんが宿泊学習の集団活動について心配するんだから，昼休みの漢字練習に該当するんじゃないかと思うけど」
アヤカ：「えっ……どうして……あのー，それ算数ドリルじゃダメですか？」
筆　者：「なぜ？」
アヤカ：「漢字練習よりは計算の方が好きだから……」

　アヤカさんが提案内容の論理の飛躍ではなく，課題の教科を問題にしてくれたことに筆者は心の中で手を合わせていました。ペナルティーは受け入れられたのです。

筆　者：「うーん，それは先生と相談だと思うけど……。それにしても夜中に起きなくなればいいのでないの？」
アヤカ：「うーん，だけど……それはちょっとムリ……これまでたくさん起きてたのに，急に起きなくなるなんて……」

[3]　おまじない法とプラシーボ効果

　アヤカさんの発言に，筆者は遊行行動の背景に所在する意識の作用を確信しました。アヤカさんも筆者の揺さぶりに動揺している様子が読み取れました。いまさら遊行症ではないといえないのではないかという母親の心配は，やはり的中していたのです。しかし，もしその意識的な行動操作を問題にしたらどうなるでしょうか。アヤカさんは，家族や担任からの信用失墜や叱責を怖れて不適応を起こし，別の身体症状や不登校にすり替わるリスクが高まります。

　一方，意識的行動操作を問題にしない場合はどうでしょう。母親は，カウンセリングに希望を託してくれているのですから，筆者の相談支援が奏功した結果として，睡眠時遊行症が消失すれば収

捨をつけられます。アヤカさんの問題行動は睡眠時に起きるのですから，就寝直前の刺激にはどのようなものがあるのでしょうか。

　筆　者：「アヤカさんは，寝るときにどんなことを考えるの？」
　アヤカ：「今日も起きるのかなーーって，毎晩いつも思ってます」
　筆　者：「それってやめられないの？」
　アヤカ：「ムリ。どうしても思っちゃう……起きないようになりたいけど，今日も夜中に起きるのかなー，と毎日思いながら寝ています」

　「夜中に起きないだろうか」という自動思考は，就寝時の不安から湧き上がっていました。そして，これがアヤカさんに自己暗示として作用していたのです。それなら，ハリーポッターの映画のように逆呪文をかけることはできないでしょうか。自動思考をおまじないで逆制止し，思考を妨害して不安を拮抗制止すれば，アヤカさんの入眠は妨げられないのかもしれません。

　筆　者「夜中に起きないおまじまいとかは？」
　アヤカ：「そんなのあるんですか？やりたい！教えてください。やります！！」
　筆　者：「ベッドに入る前はどんなことしてるの？」
　アヤカ：「ええと……だいたい10時になったらリビングから洗面所に行って歯を磨いて，トイレに行って，自分の部屋のベッドに行きます」

　ところが，ここで昼休み終了の予鈴が鳴りました。筆者は，就寝時の様子を理解したら本人と一緒にアヤカさん仕様のおまじないを考えようと思っていました。しかし，本鈴まであと5分しかありません。きっと，アヤカさんの集中力は維持できなくなるでしょう。
　筆者は，とっさに洗面所から鏡を連想しました。

　筆　者：「洗面所では，鏡を見ながら歯を磨くの？」
　アヤカ：「はい」
　筆　者：「じゃあ，鏡を見ながら『テクマクマヤコン，テクマクマヤコン，夜中に起きない私になあれ！』って3回唱えてみて」
　アヤカ：「えっ？テクマ……？」

　筆者は呪文をメモに書いて渡しました。プラシーボ（偽薬効果）は，その効果のありがたみをしかつめらしく納得させられるほど高まります。

　筆　者：「これは，日本を代表する文化人が，女の子の不可能を可能にするために編み出したおまじないで，女の子にしか効かないの。そして，このおまじないは秘密の呪文と呼ばれていて，秘密にすることで効果が増すの。だから，アヤカさんとユタカ先生と私だけの秘密。オッケー？」
　アヤカ：「オッケー」
　筆　者：「おまじないが不可能を可能にしてくれるから」
　アヤカ：「オッケー」

　アヤカさんは，メモを丁寧にたたんで胸ポケットにしまい，走って教室に向かいました。

[4]　ペナルティーの策定とオペレーション

　　子供たちの下校後，SC の報告を聞いたユタカ先生は爆笑しました。

担　　任：「赤塚不二夫ですよね！ ひみつのアッコちゃんですよね！！ オレ，赤塚先生尊敬してるんです。オレにも協力させてください。何かできることはないですか？」

筆　　者：「めちゃくちゃあります！ 実は，この支援の主役は先生なんです。アヤカさんは，ベッドに入ると条件反射のように，今日も夜中に起きるんだろうかという不安が毎晩湧き上がってくるらしく，これが入眠を妨げて夜中に起き出す原因をつくっています。そして，今夜も起きるのか起きないのか悶々と葛藤があって，寝付けない夜にリビングに起き出して母親に話しかけてしまうのだと思います。だから，この自動的に湧き上がってくる不安に対抗する武器としておまじないを使いました。ユタカ先生は，この武器にパワーをチャージして魔力をアップさせてもらえないでしょうか」

担　　任：「……とおっしゃいますと？」

筆　　者：「まずはペナルティーですよね」

担　　任：「なるほど……やっぱりペナルティーはイヤなものの方が効果的だろうし，クラスのきまりなので漢字でどうですか？」

筆　　者：「賛成です！」

担　　任：「どうやって前の晩にリビングに起き出して母親に話しかけたかどうかを確かめればいいでしょう？」

筆　　者：「お母さんも心配して相談に来てくれているんだから，宿泊学習までの間，夜中に起き出した日は，ユタカ先生に電話してもらえないか聞いてみてもらえないでしょうか？」

担　　任：「できます！ もし夜に起きたら，翌日は朝のうちに電話してほしいとお願いすればいいですね。それなら症状が起きたときは，翌日の昼休みに漢字ドリルをさせられますね」

筆　　者：「問題行動が起きなかったときのご褒美も出せると，より効果的なんですけど……，彼女が恐れているのはクラス遊びができないことなんだから，クラス遊びをより魅力的にする何かがあるといいんだけど……」

担　　任：「たとえば，アヤカさんの好きなクラス遊びを選ばせるとかでもいいですか？」

筆　　者：「ユタカ先生すごい！！ 完璧です。とにかく敵は思い込みの不安なんだから，おまじない効果の確からしさをより強く思い込ませられれば勝てるわけですよ。ただ，夜中の遊行行動がないことを褒めてしまうのは意味がないというか，本来褒めることではないので，それよりも問題行動を制御するために一生懸命おまじないを唱えているという努力のところを褒めてもらうのがいいと思うんですよね。自分の意志で問題に立ち向かっているっていう感じにしたいんですよ」

担　　任：「つまり，おまじない効果を煽ればいいわけですね」

筆　　者：「はい。ぜひお願いします。うっかり症状が出たらペナルティー，これも不安なはずですから，おまじないで起きなくてすむならアヤカさんだって必死になってくれると思うわけですよ」

担　　任：「そのおまじないに『テクマクマヤコン』を使うなんて，ものすごい赤塚先生供養ですよ！ オレ頑張ります」

筆　　者：「お母さんとの情報共有ですが，どうしましょう」

担　　任：「SC とオレとアヤカさんの 3 人の秘密ってことになってるんですよね？ それは小学生には絶対に嬉しいですよ。秘密の方がおまじない効果は絶大に上がりますよ」

筆　　者：「それでは，どうやらカウンセラーとアヤカさんが担任も巻き込んだ 3 人だけの秘密の約

束をしたらしいので，しばらく様子を見守ってもらい，もし症状が続いてカウンセリング効果が
みられなかったら，あらためてお母さんと SC の面談をさせてほしいと伝えてもらえないでしょ
うか」

担　任：「了解です。ついては，症状が出て夜中に起き出した日は，翌朝に電話で教えてもらえな
　　　　いかと言えばいいですね」

筆　者：「完璧！！」

担　任：「ひみつのアヤカちゃんですね」（爆笑）

［5］　おまじない法の奏功

　小学校のスクールカウンセラーは，2 週に 1 日しか勤務がないので，次の面接予約は 2 週間後に
組まれました。アヤカさんは，昼休みに走って相談室を訪れました。

アヤカ：「おまじない効きました！」

筆　者：「ほんと？」

アヤカ：「ほんと！ ほんと！！ あれから 1 回も起きてないんです」

筆　者：「すごい！」

アヤカ：「もうずーっと心の中で唱えてるんです。晩御飯とか，お風呂とか，洗面所に行く前から
　　　　唱えていて，布団の中でもずーっと唱えてます」

筆　者：「晩御飯から唱え出してるの？」

アヤカ：「うーん，もっと前。学校から帰る通学路ではもう唱え出してる。……っていうか，なん
　　　　かちょっと困ることがあるときはふと気づくと唱えてるかも」

筆　者：「それで効果あるの？」

アヤカ：「はい。だってあれから 1 回も起きてないんですよ！」

筆　者：「えらい！」

アヤカ：「もう治りました！だから，もう遊びに行っていいですよね」

　相談室の廊下には，級友がアヤカさんを待っていました。アヤカさんは，相談室を飛び出すと級
友とクラス遊びの校庭に走って行きました。

　ユタカ先生によると，2 週間前の面接の夕方，計画どおり母親に電話をし，翌日の業間休み時間
にアヤカさんとペナルティーについて話し合ったそうです。すると，アヤカさんはすでに翌日から
おまじない効果を報告していたというのです。そのため，そのおまじないをつくったのは，先生も
子供時代からずっと尊敬している偉大な文化人で，そのパワーをもらうことができれば絶対に大丈
夫だと強調しておきましたとユタカ先生。おまじないパワーがあれば絶対に大丈夫だと思うけれど，
万一また遊行症が起きてしまったら昼休みに漢字ドリルをしようとたたみかけてくれたそうです。
その代わり，おまじないが効いた日は，偉大な文化人に敬意を表し，アヤカさんにクラス遊びのメ
ニューの選択権を提供したいと提案すると，予想以上の大喜びで，それ以来クラス遊び係を担って
くれているとのことでした。

　さらにその 2 週間後も，ユタカ先生は 1 回もペナルティーがなかったことを報告してくれました。
アヤカさんはクラス遊び係として，いまやリーダーの一人に育っているのだと，ユタカ先生は嬉し
そうに語りました。

　さらに約 1 ヶ月後，宿泊学習が無事に終わると，アヤカさんの母親が挨拶に SC を訪ねてくれま
した。母親によると，初めてカウンセリングを受けた日に，SC から夜中に起きなくなるおまじな

いを教えてもらったと，嬉しそうにいそいそ寝室に向かい，その日以来睡眠時遊行症が再発していないのだそうです。そして，それ以降も宿題や習い事のピアノの練習など，やりたくない課題のたびにおまじないを唱えているというのです。「カウンセラーのケイコ先生とユタカ先生と3人だけの秘密だから教えられない」と言いながら，時折大声で唱える「テクマクマヤコン」を聞き取った祖母の報告で家族は爆笑し，こっそり「ひみつのアヤカちゃん」と笑い合っているとのことでした。

　筆者は，アヤカさん自身が家族の心配と愛情を実感していて，その安定感ゆえのおまじない効果であることを伝えました。すると，母親はとても安堵したとのことで，合理主義のはずの祖父母が半信半疑ながらお祓いに高額のお布施を包み，神頼みを続けてくれる様子に親のありがたみを再認識し，家族の絆を深めたことを話してくれました。

　そして筆者は，学校適応の良さもおまじない効果を支える主軸であることを伝えました。母親もすぐに共感を寄せてくれ，ユタカ先生への信頼と感謝を語りました。

　翌年，アヤカさんの担任は交代し，残念ながら6年生でのクラス遊びの慣習はなくなりました。しかし，アヤカさんの睡眠時遊行症は再発せず，無事に卒業を迎えました。

[6] 本事例での活用技法：おまじない法＋集団社会化療法

　本事例で筆者が苦心したのは，主訴である睡眠時遊行症に本人が困り感をもっておらず，行動修正をするための動機が欠落していたことでした。就寝後の遊行行動の継続は，家族の叱責の抑制や行楽機会の増大など疾病利得を伴っており，快刺激として作用していたからです。そこで，筆者は良好な適応状態のアヤカさんが唯一「困っている」ことだという忘れ物行動と，就寝後の遊行行動を「集団行動を乱す」という理由で結びつけ，同じペナルティーを付与することで不快刺激を伴う問題行動に反転させました。

　また，入眠時のアヤカさんには「今日も起きるのかなー」という入眠後の覚醒を予測させる自動思考が想起されていました。その不安感情は，小学5年という未熟な自我に暗示を与える可能性を多分に含んでいたので，筆者はその自動思考の想起を妨害するためのおまじないを提示しました。アヤカさんが早くも夕刻からそのおまじないを唱え続けたことは，入眠後の覚醒を想起させないという思考妨害に絶大な効果を発揮しました。

　このおまじない効果を強化したのは間違いなくユタカ先生でした。ユタカ先生の指摘どおり，本事例に活用した「テクマクマヤコン」とは，漫画家の故赤塚不二夫氏が「ひみつのアッコちゃん」という作品で創作した女の子の不可能を可能に変えるおまじないです。赤塚不二夫ファンだったユタカ先生がその尊敬をアヤカさんに伝え，「おまじないパワーがあれば絶対に大丈夫」だと保証したことは，ユタカ先生を尊敬するアヤカさんに強力な効果をもたらしました。

　そして，もし就寝後の遊行行動が再発したら昼休みはクラス遊びに加わらず漢字練習だけれど，おまじない効果が発揮された場合は，クラス遊びメニューの選択権が付与されるという条件は，遊行行動を消失させる決定的な動機となりました。ユタカ先生には，単に問題行動の消失ではなく，おまじないを用いて行動修正に努めるアヤカさんの能動性に着目した強化を依頼しました。2週間後のユタカ先生が，クラス遊びの推進役割を通してリーダーに育ちつつあるアヤカさんの変化を報告してくれたのは，このような能動性に対する方向づけが作用していたといえるでしょう。

　なお，ユタカ先生は集団社会化療法（中村，2022）の名人でした。集団社会化療法とは，帰属集団での関係性の質的向上を通して個人の集団適応を促進する関係療法です。ユタカ先生のクラスは，まずはクラス遊びで求心力を高め，忘れ物をするとクラス遊びの代わりに漢字ドリルのペナルティーというシステムを取り入れると，忘れ物が激減するという見事な学級経営が行われていました。アヤカさんも，担任とのクラス遊びを楽しみにしており，このような集団活動を主軸につくら

れていた子供たちの学級満足感こそが，おまじない効果を発揮させた真の要因でもありました。アヤカさんの遊行行動の消失は，サポーティブでユーモアを尊ぶ担任と家族という恵まれた環境要因に支えられていたのです。

6　受験不安の生徒へのおまじない法

[1] 不登校から保健室登校への誘い出し

　筆者が SC として配置された中学校の教育相談係は「ケイコティー（チャー）」「ケイコママ」などと呼ばれる養護教諭で，保健室にはいつも生徒が集う朗らかなムードメーカーでした。1週に1日しか勤務しない SC のスケジュールは，教育相談係が調整してくれるので，筆者もいつも保健室に入り浸らせてもらっていて，同じ名前の同世代だったので「ケイコティーズ」とか「ケイコティーズママ」と呼ばれていました。

　養護教諭のケイコ先生は，不登校生徒をリストアップし，わずかな空き時間でもこまめに家庭訪問を繰り返しては保健室に誘い出すので，その勤務校はいつも不登校率の低さで群を抜いていました。

　ホノカさんがケイコ先生の家庭訪問で保健室登校を始めたのは中学2年の秋でした。6月末から不登校に陥り，担任のセイジ先生が家庭訪問をしましたが，ホノカさんは頑なに自室に閉じこもったままでした。そこで，家庭訪問を引き受けたケイコ先生が足を運ぶうちに交流を深めた母親は，ケイコ先生をリビングに招き，ホノカさんを十分にサポートできない悩みを打ち明けるようになりました。母親は，ホノカさんが小学5年時にパート勤務の職場の人間関係からうつ病になり，それ以来過眠と不眠の繰り返しや感情障害に苦しんでいるとのことでした。とりわけ朝は不調で，起きてこないホノカさんの気持ちを引き立てて学校に送り出すエネルギーを捻出できないのだと，そのジレンマを涙ながらに養護教諭に訴えました。発病以来，不調になると食事の用意がままならず，夕食がカップ麺やコンビニ弁当のことも少なくないそうです。ホノカさんには4歳年上の兄がいましたが，特別支援学校の高等部に通っていたので，父親ともども，なんとかホノカさんの不登校を解消して普通の高校に入学させてあげたいと願っていました。

　ケイコ先生は，娘をサポートできない不甲斐なさに涙を流し，自分を責め続ける母親の様子を見て，ホノカさんがむしろ精神的に追い詰められて気持ちを立て直せなくなることを懸念し，せめて保健室に連れ出してあげたいと心から思ったのだそうです。保健室から持ち込んだオセロゲームやカードゲームで仲良くなったケイコ先生が，学校で困っていることがあるのではないかと尋ねると，ホノカさんは仲良しグループでの孤立を語り出しました。同じ小学校だったクルミさんとメイさんとの三人で行動をともにしていたけれど，二人は頭が良いので，頭が悪い自分はくっついているだけで居場所がないというのです。

　ケイコ先生に誘われ，保健室登校を始めたホノカさんは，ゲームやおしゃべりを通して筆者ともなじみ，相談室にも頻繁に通ってくるようになりました。保健室でのホノカさんは，主に漢字の書き取りに取り組んでいたので，筆者は数学のワークにいっしょに取り組みました。ホノカさんは，クラスで配布された一次関数のプリントを持参しましたが，関数以前に方程式を理解していませんでした。一次関数の前の単元は二次方程式でしたが，一次方程式も文字式もあいまいな理解のホノカさんは，わからない問題に対してアレルギー反応のような強い拒否感がありました。小学3年の分数や単位の計算から算数がわからなくなり，それ以来苦手教科の筆頭であり続けているというのです。

　そこで学習支援では，いったん1年1学期の文字式に戻り，かっこで閉じたり開いたりを繰り返

しながら分数や少数の計算に取り組んでもらいました。1問ずつていねいに説明していっしょに問題を解き，類似問題に取り組んでもらうと，コツをつかむまでに時間はかかりましたが，自力で問題を解けるようになりました。このような学習支援を繰り返すうちに，ホノカさんは，分数や少数の文字式を解けるようになっていく自分に感動し，学習を始めた当初の抵抗とは裏腹に自ら進んで学習に取り組めるようになりました。保健室でもケイコ先生や担任と学習する時間が増えました。

　ケイコ先生は，ホノカさんへの支援に並行してクルミさんとメイさんに事情を話し，そのサポートを依頼しました。すると，二人は休み時間のたびに保健室を訪ねてくれるようになりました。保健室登校開始から1ヶ月余りを経て，仲良しグループとの親密さを取り戻すと，ホノカさんは二人にサポートされてクラスに復帰していきました。

　しかし，ホノカさんが筆者と取り組みマスターできたのは文字式だったので，その後の一斉授業には不安の種が残りました。時折相談室にやってくる本人に尋ねると，授業がわからないのは小学校からずっと続いているので，慣れているから大丈夫と気丈に笑い，無事にクラスで過ごしている様子でした。

[2] 教室復帰から再度不登校に

　3年生への進級時，ケイコ先生は担任と学年主任にホノカさんへの配慮を依頼しました。母親がうつ病で兄が特別支援学校に通っているので，家庭でのサポート資源が薄いホノカさんの健全性は崩れやすく，受験に向けて不安定になりやすいため，せめて級友サポートが安定して提供されるようにクルミさんとメイさんと同じクラスにしてほしいというものです。それは，事前にケイコ先生からクルミさんとメイさんにも打診され，二人の快諾を得て三人は同じクラスになり，3年生でも仲良しグループが継続されました。担任も引き続きセイジ先生が持ち上がることになり，ホノカさんは修学旅行にも参加し，学校生活を楽しんでいるように思われました。

　ところが，中間テストを控えた10月からホノカさんの登校が途絶えました。セイジ先生には，テスト不安以外に思い当たるきっかけがありませんでした。わずか数週間前の体育祭でのホノカさんは，元気にはしゃいで楽しそうにしていたのです。クルミさんとメイさんにも事情を尋ねましたが，二人にも思い当たる出来事はありません。担任が家庭訪問をすると，ホノカさんは登校を促した母親とのいさかいから落ち込み，朝起きられないとのことで，母親は受験の大事な時期なのに自分のせいだと激しく落ち込んでいました。ケイコ先生が家庭訪問を繰り返すと，ホノカさんは泣きながら不安で勉強が手につかないことを訴え，保健室への登校を始めました。

　ケイコ先生は保健室での学習を勧めましたが，それには乗り気でなく，登校しても短時間での帰宅を選択する日が続きました。ケイコ先生は，不安の高い母親と自宅にこもることでホノカさんの落ち込みに拍車がかかるのではないかと心配しました。そこで，SCとの面談を勧めると，ホノカさんは即座に強く面談を希望したそうです。

　保健室を訪ねると，ホノカさんはケイコ先生といっしょに筆者を待っていました。勉強が手につかず落ち込んでいた受験不安のホノカさんが筆者との面談を切望した背景は何なのでしょうか。筆者との学習でアレルギーだった文字式が好きになったように，無力感に打ちひしがれるホノカさん自身の内側に実は潜んでいる効力感に遭遇したいのではないかと，筆者は直感していました。

筆　者：「ものすごくつらそうだけど，ホノちゃんを追い詰めていることってどんなことなの？」
ホノカ：「（しばらく考え）バカで勉強ができないこと」
筆　者：「去年は私とは勉強できていたんだけど，できないって，どういうこと？」
ホノカ：「勉強しなきゃと思うんだけど，勉強できない（涙）」

筆　者：「もうちょっと詳しく教えられる？」

ホノカ：「勉強しようとして，過去問とか見るとわからない問題がありすぎて，あー，きっと自分は（受験で）落ちてしまうと思って，落ち込んで結局何も手につかなくなっちゃって（涙）」

養護教諭：「えっ，そういうことだったの？」

ホノカ：「バカだから（涙）どうしようもないバカだから」

筆　者：「どうしてどうしようもないバカだと思うの？」

ホノカ：「（涙）だって，勉強できないし。面積も体積も時間の計算もできない受験生なんてどうしようもないバカじゃないですか（泣）」

養護教諭：「保健室では漢字の練習をしてるじゃないの」

ホノカ：「とりあえず漢字は書いてれば，バカでもできる勉強だから」

筆　者：「勉強をしていた方が落ち着くの？」

ホノカ：「勉強ができた方が落ち着くと思う。でも，できない問題の方がずっと多いし，漢字だって練習してもあんまり覚えてないし，それ見るともうダメだと思って落ち込んでこうなったんだからやっぱり無理」

筆　者：「2年の11月に教室に戻ってから，授業では困らなかったの？」

ホノカ：「困った……すごく困ったけど……っていうか，小学校からずっとバカだから，授業がわからないっていつものことだから」

養護教諭：「ずっと，ものすごく我慢してきたんだね」

ホノカ：「（涙）すごく我慢してた……けど，もう無理っていうか，教室の授業は勉強がわかる人のための授業で，数学とか英語とか全然わからないし，聞いても理解できなくて意味がないし……」

養護教諭：「よく頑張って教室にいられたね」

ホノカ：「保健室に戻りたいと何度も思ったけど，頭の良いクルミとメイがこんなバカでもすごく気を遣って仲良くしてくれるから，悪くて（涙）申し訳なくて（涙）」

筆　者：「クルミさんとメイさんは頭が良いのか……」

ホノカ：「テストが返ってくると，二人が自分の点数を教え合うけど，私とは全然レベルが違ってて，私の点数なんか絶対言えなくて……だけど点数が悪いのはわかってるから私にはあんまり聞かなくて……クルミたちにふさわしくない自分に嫌気しかささないって言うか……きっと私だけが（受験に）落ちて，皆は合格で（涙）……私はバカだから，クルミやメイは簡単にできるのに，どうせ私にはできないし（涙）どうせ同じ高校なんか行けないし……」

　ホノカさんは涙に暮れました。＜受験勉強をしなければいけない⇒できない問題に直面する⇒やってもできない⇒どうせ自分はバカで成績も悪い⇒どうせ自分にはできない⇒きっと受験も不合格になるに違いない⇒クラスの皆が合格しても自分だけは不合格だろう⇒学校に行きたくない⇒何もかもイヤだ⇒もうダメだ＞という悪循環に陥り，何も手につかなくなって不安と焦燥と無力感にさいなまれていたのです。

[3] パワーアップのおまじない

　ケイコ先生は，保健室で一緒に勉強しようと誘いました。ところが，ホノカさんは「自分はバカだからやってもできない」「無理」「絶対に無理」と泣き崩れます。筆者とケイコ先生は，2年時の保健室登校での学習支援の場面を例に引き，やればできるホノカさんの有能さを指摘しました。しかし，ホノカさんは別室での個別学習支援では理解できても，クラスでの一斉授業は全然わからず，

みじめにしかならないのだと泣きじゃくりました。小学校中学年の面積の単元の頃から積み上げてきた学習に対する無力感が受験不安を掻き立て，ホノカさんの許容力を超えてしまっているように思われました。

　「去年はグループから孤立し，学校に自分の居場所はないと思っていたのに，相談室ではケイコママたちに励まされて勉強ができるようになったり，教室にも戻れ，ダメではない別の自分になっていくようでうれしかった。だけどやっぱり自分はダメで，去年の相談室で勉強が楽しいと思えたのは，バカな自分にわかりやすく教えてくれたケイコママたちの頭が良いせいだ」と，ホノカさんの涙はとめどなく溢れました。

筆　　者：「ケイコティーズママの力が欲しくない？」
ホノカ：「え？」
筆　　者：「ケイコ先生と私の能力を吸い上げることができたら，これからのホノちゃんの戦力にならない？」
ホノカ：「え？ケイコティーズママの能力？」
養護教諭：「あげる，あげる！私の能力でよかったら全部あげるよ」
ホノカ：「（涙）欲しい……」
筆　　者：「私の能力もあげるから」
ホノカ：「欲しい（泣き笑い）」
筆　　者：「どうやってケイコティーズママの能力を吸い上げる？作戦会議しなくちゃね」

　どうしたらホノカさんが必要なタイミングで「ケイコティーズママ」の力を賦与できるのでしょうか。筆者が「ケイコティーズママ」の呼称をもじったおまじないを考えたらどうかと提案すると，ホノカさんはすぐに賛同し，あれこれ協議の結果「ケイコイケ」というマジックスペルが考案されました。

　筆者はホノカさんに対し，①受験勉強にやる気が湧かないとき，②自分はダメかもしれないという不安が湧いてくるとき，③どうせできない問題をとばして次に進めるとき，「ケイコイケ」のマ

ジックスペルを指折りながら5回唱えるように指示を与えました。ホノカさんが「ケイコイケ」という マジックスペルを5回唱えると，それはケイコティーズママの心に届き，二人のケイコママが ホノカさんのために力を尽くすというものです。

[4] 受験不安から効力感の獲得へ

　早速練習が行われました。ホノカさんは「ケイコイケ」と唱えながら数学の高校入試過去問題を 開きました。そして，その問題を見ながら取り組む価値のある基礎的問題と，やってみるまでもな くどうせできないレベルの問題に分け，基礎的問題に絞って取り組んでもらいました。解いてみて わからない問題は，二人のケイコママが交替でサポートし，ヒントを与えながら正答に導きました。 また，筆者は「ケイコイケ」を5回唱えてみてもできなかった場合，ホノカさんが悪いわけではな く「ケイコ」が「イケない」ので，迷わず切り捨てるように指示しました。

　約1時間の学習支援で，ホノカさんには笑顔が戻りました。そして，翌日の保健室登校の約束を して三人でカードゲームに興じ，笑いながら別れました。

　翌日，保健室に登校したホノカさんは，「ケイコイケ」と唱えて問題集を開き，最初にケイコ先 生と取り組む価値のある問題だけを選んで印をつけ，それ以外の問題には取り組まない練習をしま した。できない問題との直面がホノカさんの自尊感情をえぐり，無力感を増幅させていたので，ま ずはできそうな問題だけ選び出すことを最初の課題にしたのです。印をつけた問題に取り組んでみ てもできなかったら「ケイコイケ」を5回唱え，その間に解き方がひらめかなかった場合，それは 取り組む価値のない「イケない」問題なので切り捨てて次の問題に進みます。

　ホノカさんの学習に対する無力感は，具体的に問題に取り組み，正答が重なるにつれて効力感と 置き換えられていきました。それに伴って保健室登校は軌道に乗り，ホノカさんは生活リズムと平 穏を取り戻しました。

　11月の進路選択の三者面談には，本人と母親の希望でケイコ先生も加わり，学習支援の手厚さ で定評のある私立高校が選択されました。私立高校受験の1月まで，ホノカさんはケイコママの保 健室で学習とエネルギーをチャージしたいと申し出ました。それは，不安を克服し，学習と折り合 い受験に備えるための最善の選択だと，セイジ先生も快く励ましてくれました。

　私立高校受験に際し，筆記試験同様に面接も不安だと訴えるホノカさんのために，セイジ先生も 面接練習を始めてくれました。担任が面接官役割を担当し，2人のケイコママがホノカさんの両脇 を固めました。担任の質問に対してホノカさんが返答に詰まると，ケイコママのいずれかが回答例 を出し，ホノカさんはそれをメモに書き取り，面接ノートが作成されました。面接での緊張に備え るため，担任の名前をもじり「セイジイケ」もおまじないに加えることになりました。

　1月の私立高校受験で，ホノカさんは見事に志望校に合格しました。不安が消失し，自信を獲得 したホノカさんは自主的に学級復帰を選択し，それから無遅刻無欠席で卒業式を迎えました。

　ホノカさんは，卒業前に相談室の筆者に挨拶に来てくれました。2年生の6月に不登校になった 原因について，クルミさんとメイさんのせいにしてしまったけれど，本当は二人と落差のある自分 の成績を恥じていたことと，学習のわからなさに限界を感じて授業から逃避したことを打ち明けま した。しかし，勉強ができないと言うと，絶対に「やればできる」と反論されるので，誰にも言え なかったというのです。ホノカさんは「ケイコイケ」のおまじないがなければ気を取り直すことが できなかったし，ケイコママのおまじないと学習支援が高校進学の扉を開いてくれたのだと，かわ いい便箋で感謝の手紙を渡してくれました。

[5]　本事例での活用技法：おまじない法＋個別学習支援

　本事例のホノカさんは，最もつらいことを「勉強ができないこと」だと語りながら，「勉強してもどうせできない」という非機能的認知に支配されて学習行動を回避し，悪循環の中で，不安と焦燥を増幅させていました。この問題の起点はネガティブな自動思考の無能・敗北スキーマにあるのですから，支援方法の第1選択肢は認知再構成法でしょう。

　しかし，その非機能的認知は，小学校からの級友との自他比較や，実力テストの偏差値などのエビデンス（証拠）に基づいていたため，単純に認知を反転させることは不可能でした。現実の学習成果は知的能力に規定されますが，ホノカさんが語ったように「勉強ができないと言うと，絶対に『やればできる』と反論される」ことが多いので，実際にやってもできない子供たちは「やればできる」という根拠のない励ましに深く傷ついているのです。

　中学2年でありながら小学4年の単元が理解できないことや，学習支援での様子から，筆者はホノカさんの知的能力を境界知能水準だと予測していました。境界知能とはIQ70〜84のことで，全体の約15パーセントの子供が該当します。知能検査ではIQ100を完全な標準値として増減1割のIQ90〜110を標準知能，IQ70未満を知的障害ととらえます。教科書は標準知能をターゲットに編纂されているので，境界知能以下の子供たちには，一斉指導での教科書学習を自力で消化することは困難です。「授業がわからないのは小学校からずっと続いている」ホノカさんは，「バカで勉強ができないこと」に追い詰められ，不登校という手段で一斉指導での学修環境からの逃避を図りました。

　受験を控えたホノカさんが適応行動（受験勉強）を形成するためには，「勉強してもどうせできない」非機能的認知を「勉強すればできる問題もある」という機能的認知に修正する必要がありましたが，「何もかもイヤだ」と思考を飛躍させて無力感に支配されたホノカさんは，現実検討を受け入れることができませんでした。その悪循環の中で，前年の学習成果については「ケイコママたちの頭が良いせい」だと他者の能力の高さに原因帰属させ，成果のなさは自身の能力の低さに原因帰属させ，何もかもイヤでダメな自己像が膨れ上がっていきました。

　そのため面接では，自己否定と思考の飛躍を誘発する学習場面に対する現実検討を回避し，課題の焦点をホノカさん自身からケイコママの能力を吸い上げる方略の検討にリフレイミングしました。無力感の象徴であるホノカさんから有能感の象徴であるケイコママに焦点を移し，どんなおまじないにしたら「ケイコティーズママ」の能力をもらい受けることができるのかというマジックスペルが検討されました。

　そこで考え出されたのが，「ケイコママ」からのエンパワメントをイメージさせる「ケイコイケ」というおまじないでした。その語尾は「イケ」という命令形で，ケイコママからの指令のようにも，彼らのパワーが乗り移る合図のようにも解釈可能です。それは，不安を拮抗制止するだけでなく，ホノカさんの背中を押す役割を担うアクティブな教示文でもありました。おまじないは，「ケイコイケ」と口の中で唱えながら5回を指折り数えるという儀式を伴い，不安の拮抗制止法（Wolpe,1954）のうち言語的な発声による主張反応とアクションによる身体運動反応の両方を採用してデザインしました。

　おまじないによる自動思考の妨害に続いて行われたのは，個別の学習支援です。自己効力感を獲得させる筆頭要因はなんといっても達成経験なのです（Bandura, 1995）。マジックスペルで一時的に不安を拮抗制止できても，自己効力感を獲得できなければ効果の持続は望めません。学力不振のホノカさんが学習場面で達成経験を獲得するためには，やればできる問題だけを選別することが必須でした。また，取り組んでみてわからない問題は早々に切り捨て，次の問題に進めないと，「どうせできない」という無能・敗北の自動思考が湧き上がって悪循環に支配されることが予測されました。そのため，個別の学習支援では，まず最初に「やればできる」問題とそれ以外に分け，「やればできる」問題だけに取り組むという支援デザインを考えました。

　さらに，「ケイコイケ」を5回唱えてみてもできなかった場合，ホノカさんが悪いわけではなく「ケイコ」が「イケない」のだとリフレイミングし，迷わず切り捨てるように指示しました。ホノカさんは，問題が解けず解答を飛ばすダメな子ではなく，おまじないのルールを守る良い子の役割を担い，イケないのはその指示を出しているのに，お守りの役目を果たせない「ケイコ」だとダメな対象を外在化したのです。

　こうしてホノカさんは，おまじないを唱えることで非機能的な自動思考を妨害し，学習に取り組むことで達成感と自己効力感を獲得することができました。

[6] おまじない法の特徴と可能性

　おまじない法は，不合理で非機能的な自動思考によって不適応行動が引き起こされていながら，自動思考を修正するための現実直面や現実検討を行えないクライエントを対象に，筆者が開発した思考妨害の技法です。認知再構成法（A. Beck, 1969）では，非機能的な自動思考を同定し，その修正が行われますが，自我が未熟なクライエントであるほど現実直面には抵抗が伴い，自らの認知の歪みや思考の飛躍などの現実検討に誘導することが困難でした。そこで筆者は，現実直面が困難なクライエントの非機能的な自動思考に対し，現実検討の替わりに，そのエンパワメントに焦点化したマジックスペルを検討し，それを唱えることで自動思考を妨害するおまじない法を考案しました。

　着想のモデルは，恐怖刺激を織り込みながら現実直面させずに支援をゲーム化し，いかにも遊びとして楽しみながら恐怖を克服させる田上（1983, 1984）のセラピーです。ゲーム化された支援はクライエントを楽しませ，その「楽しい」「おもしろい」というポジティブな情動が不安を拮抗制止するだけでなく，不快刺激を快刺激に反転させ，恐怖刺激であったはずの対象物に愛着を抱かせてしまうのです。

　田上がセラピーのデザインに工夫を凝らしたように，カウンセリング場面で「楽しい」「おもしろい」ゲームとして，クライエントの苦手を克服させる方法を導入できないかと考え出したものがおまじない法でした。おまじないのマジックスペルにクライエントをエンパワメントする要素を盛り込み，それを唱えることで不安を拮抗制止して自動思考を妨害し，その間に標的行動を達成させれば自己効力感を獲得できるはずなのです。一連のプロセスを通して，クライエントが自己効力感を獲得できたら，それは不安を解消してマイナスをゼロにするだけでなく，エンパワメント効果をもつ支援技法だといえるでしょう。

　また，おまじない法に類似する技法として，自己教示（self-instruction）が挙げられます。自己教示法は，クライエントが自分自身に適切な教示を与えることで適応的な認知と行動の獲得を図る治療技法で，訓練体系を伴うものと特定の陳述を教示するものがあります。

　自己教示法の訓練体系を開発したメイケンバウム（Meichenbaum, 1985）は，ヴィゴツキーらの言語による行動調整研究とバンデューラのモデリング研究とを統合し，以下の手順を一般化しました。①訓練者が声に出して説明しながら行動課題を遂行する，②学習者は訓練者をモデルにして同じ課題を遂行する，③学習者は声を出して自分自身に教示を与えながら課題を遂行する，④学習者はささやき声で自分に教示を与えながら課題を遂行する，⑤学習者は声に出さず心の中でつぶやきながら課題を遂行するというステップアップ方式です。

　訓練を伴わない自己教示法は，ポジティブな自己教示を繰り返しながら行動課題を遂行します。訓練の有無を問わず，いずれの方法でも標的行動が遂行されることで不安が解消され，自己効力感が促進されるので，自己教示法の成否を分ける要因は，教示文が対象者のニーズに合致していることと，支援者への親和感が高くモデリングが成立するかどうかの2点です（根建・豊川，1991）。

　おまじない法との共通点は，教示文を唱えることで標的行動の遂行が促進され，その達成によって自己効力感が獲得されて不安が解消されることです。不安の解消は，効力感の獲得後にもたらされます。相違点は，自己教示法での教示文の主語が「とにかくやろう」「まずは起きよう」などクライエント自身であることに対し，おまじない法での教示文は主語を問いません。自己教示法のように，自らを鼓舞する教示文の主語が自分自身であるためには，本人に一定の自己効力感や意思力が獲得されていることが必要ですが，おまじない法では，エンパワメント要素を集約させた教示文を作成できれば，本人に効力感が備わっていなくてもいいのです。

　こうして，ネガティブな現実検討を回避して，ポジティブに自分自身をパワーアップさせるマジックスペルを考え出し，それを唱えることで自動思考を妨害するおまじない法が開発されました（表8-2）。

表8-2　おまじない法の特徴

目　的	自動思考の妨害による標的行動の促進
教示文	エンパワメントの象徴語
現実検討	不要
現実直面	不要
心理的侵入度	低（安全度 高）
期待される効果	標的行動の達成による不安解消と効力感の獲得

　認知行動療法では，認知と行動という枠組みから適応をとらえ，問題行動を修正するための支援方針を検討します。面接は協働的な経験主義の立場から，問題行動にいたるまでの状況が理解できるように質問を振り出し，支援者がクライエントの経験を追体験して協働解決者としての一体感をつくります。アセスメントでは，情報を整理して悪循環のメカニズムを明らかにし，この概念化のプロセスで主観を客観に転換します。さらに支援では，クライエントとのブレーンストーミングとシミュレーションを繰り返し，行動あるいは認知を修正する多様な技法の中から，その問題を解決す

るために適合度の高い技法が選択されます。単一の技法で解決できなくても，複数の技法を駆使して多次元のアプローチを行えば，複雑な問題にも対応可能です。クライエントと協働，組み合わせの妙を探し出して問題解決に漕ぎ着けましょう。それぞれの技法は，不可能を可能にするために先人達が人生を賭け，知恵を絞って編み出してきた至宝の治療法なのです。

引用文献

Adler, A.（1958）. *The education of the individual. Greenwood.*（アドラー, A. 高橋 堆治（訳）（1959）. 問題児の心理 刀江書院）

Alberto, P. A., & Troutman, A. C.（1999）. *Applied behavior analysis for teachers*（5th ed.）. Merrill/Prentice-Hall.

Amen, D. G.（2001）. Healing ADD：The breakthrough program that allows you to see and heal the six types of attention deficit disorder. G. P. Putnam's & Sons.（エイメン, D. G. ニキ・リンコ（訳）（2001）.「わかっているのにできない」脳〈1〉：エイメン博士が教えてくれるADDの脳のしくみ 花風社）

Axline, V. M.（1950）. Play therapy. Houghton Mifflin.（アクスライン, V. M. 小林 治夫（訳）遊戯療法 岩崎学術出版社）

Bandura, A.（1959）. *Adolescent aggression.* Ronald Press.

Bandura, A.（1962）. *Social learning through imitation.* University of Nebraska Press.

Bandura, A.（1977）. *Social learning theory.* Prentice-Hall.（バンデューラ, A. 原野 広太郎（訳）（1979）. 社会的学習理論 金子書房）

Batthyany, A., & Russo-Netzer, P.（2014）. *Meaning in positive and existential psychology.* Springer.

Beck, A.（1967）. *The diagnosis and management of depression.* University of Pennsylvania Press.

Beck, A.（1972）. *Depression: Causes and treatment.* University of Pennsylvania Press.

Beck, A., Rush, A. J., Shaw, B., & Emery, G.（1979）. *Cognitive therapy of depression.* Guilford Press.（ベック, A. 他 坂野 雄二（監訳） 神村 栄一・清水 里美・前田 基成（訳）（2007）. 新版うつ病の認知療法 岩崎学術出版社）

Beck, J. S.（2011）. *Cognitive behavior therapy: Basics and beyond*（2nd ed.）. Guilford Press.

Bernstein, G. A.（1991）. Comorbidity and severity of anxiety and depressive disorders in a clinic sample. *Journal of the American Academy of Child and Adolescent Psychiatry, 30,* 43-50.

Bowlby, J.（1951）. *Maternal care and mental health.* World Health Organization.

Bowlby, J.（1969）. *Attachment and loss,* Vol.1 *Attachment.* Hogarth Press.（ボウルビィ, J. 黒田 実郎・大羽 蓁・岡田 洋子（訳）（1976）. 母子関係の理論 Ⅰ愛着行動 岩崎学術出版社）

Bowlby, J.（1973）. *Attachment and loss,* Vol.2 *Separation: Anxiety and anger.* Hogarth Press.（ボウルビィ, J. 黒田 実郎・岡田 洋子・吉田 恒子（訳）（1977）. 母子関係の理論 Ⅱ分離不安 岩崎学術出版社）

Campbell, W. H., & Rohrbaugh, R. M.（2006）. *The biopsychosocial manual.* Routledge.

Carey, B.（2011 June 23）. Expert on mental illness reveals her own fight. The New York Times. Retrieved from〈https://www.nytimes.com/2011/06/23/health/23lives.〉（検索日：2022. 11. 21）

Carkhuff, R. R.（1973）. *The art of problem-solving: A guide for developing problem-solving for parents, teachers, counselors, and administrators*（Life skills series）. Human Resource Development Press.

Chomsky, N.（1975）. *The logical structure of linguistic theory.* Springer.

Clark, D. M.（1986）. A cognitive approach to panic. *Behaviour Research and Therapy, 24,* 461-470.

Corry, S., Townend, M., & Cockx, A.（2016）. *Assessment and case formulation in cognitive behavioural therapy*（2nd ed.）. Sage.

David, D., Cristea, L., & Hofmann, S. G.（2018）. Why cognitive behavioral therapy is the current gold standard of psychotherapy. *Front Psychiatry, 29.*〈https://www.ncbi.nlm.nih.gov/pmc/articles/PMC5797481/〉（検索日：2022年12月24日）

Davidson, S.（1960）. School phobia as a manifestation of a family disturbance: Its structure and management. *Journal of Child Psychology and Psychiatry, 122,* 270-287.

Ellis, A.（1962）. *Reason and emotion in psychotherapy.* Lyle Stuart.

Erikson, E. H.（1963）. *Childhood and society.* W. W. Norton.

Erikson, E. H.（1980）. *Identity and the life cycle.* W. W. Norton.

Erikson, E. H., & Erikson, J. M.（1997）. *The life completed: A review*（Expanded ed.）. W. W. Norton.（エリクソン, E. H.・エリクソン, J. M. 村瀬 孝雄・近藤 邦夫（訳）（2001）. ライフサイクル, その完結[増補版] みすず書房）

Ferster, C. B., & Skinner, B. F.（1957）. *Schedules of reinforcement.* Appleton-Century-Crofts.

Frankl, V. E.（1946）. *A man's search for meaning.* Translated by Lasch, I. Beacon Press.（Original edition was published under the title *Ein Psychologe erlebt das Konzentrationslager.* Verlag für Jugend und Volk）

Freud, A., & Burlingham, D. T.（1943）. *War and children.* Medical War Books.

Harlow, H. F.（1950）. Learning and satiation of response in intrinsically motivated complex puzzle performance by monkeys. *Journal of Comparative and Physiological Psychology, 43*（4）, 289-294.

Harris, J. R.（1995）. Where is the child's environment? Agroup socialization theory of development. *Psychological Review, 102*, 458-489.

Harris, J. R.（1998）. *The nurture assumption: Why children turn out the way they do*. Free Press.（ハリス, J. R. 石田 理恵（訳）（2017）. 子育ての大誤解：重要なのは親じゃない［新版 上下巻］早川書房）

春山 茂雄（1995）. 脳内革命：脳から出るホルモンが生き方を変える　サンマーク出版

Hill, C. E.（2004）. *Helping skills: Facilitating exploration, insight, and action*（2nd ed.）. American Psychological Association.（ヒル, C. E. 藤生 英行（監訳）岡本 吉生・下村 英雄・柿井 俊昭（訳）（2014）. ヘルピング・スキル：探求・洞察・行動のためのこころの援助法　金子書房）

Hull, C. L.（1943）. *Principles of behavior*. Appleton-Century-Crofts.

Ivey, A. E.（1971）. *Microcounseling：Innovations in interviewing training*. Charles C Thomas.

Johnson, A. M.（1957）. School phobia: Workshop 1955, Discussion. *American Journal of Orthopsychiatry, 27*, 307-309.

Jones, E.（1964）. *Life and work of Sigmund Freud*. Penguin Books.（ジョーンズ, E. 竹友 安彦・藤井 治彦（訳）（1969）. フロイトの生涯　紀伊國屋書店）

Kearney, C. A.（1993）. Measuring the function of school refusal behavior: The school refusal assessment scale. *Journal of Clinical Child Psychology, 22*, 85-96.

Kearney, C. A.（1996）. The evolution and reconciliation of taxonomic strategies for school refusal behavior. *Clinical Psychology: Science and Practice, 3*, 339-354.

Kearney, C. A.（2002）. Identifying the function of school refusal behavior: A revision of the school refusal assessment scale. *Journal of Psychopathology and Behavioral Assessment, 24*, 236-245.

Kelly, E. W.（1973）. School phobia: A review of theory and treatment. *Psychology in the Schools, 10*, 33-42.

Keuthen, N. J., Stein, D. J., & Christenson, G. A.（2001）. Help for hairpullers: Understanding and coping with trichotillomania. Oakland, CA: New Harbinger Publications.

King, N. J., Tonge, B. J., Heyne, D., Pritchard, M., Rollings, S., Young, D., Myersn, N., & Ollendick, T. H.（1998）. Cognitive-behavioral treatment of school-refusing children: A controlled evaluation. *Journal of the American Academy of Child & Adolescent Psychiatry, 37*, 395-403.

Klein, M., & Riviere, J.（1964）. *Love, hate, and reparation*. Norton.

Köhler, W.（1929）. *Gestalt psychology*. Liveright.

Lorenz, K.（1952）. *King Solomon's ring*. Translated by Marjorie Kerr Wilson. Methuen.

Leahy, R.（2018）. *Cognitive therapy techniques: A practitioner's guide*（2nd ed.）. Guilford Press.

Liberman, R. P., Lillie, F., Falloon, L. R. H., & Harpin, E.（1984）. Social skills training with relapsing schizophrenics: An experimental analysis. *Behavior Modification, 8*, 155-179.

Linehan, M. M.（1984）. *Skills training manual for treating borderline personality disorder*. Guilford Press.（リネハン, M. M. 小野 和哉（訳）（2007）. 弁証法的行動療法実践マニュアル：境界性パーソナリティ障害への新しいアプローチ　金剛出版）

Linehan, M. M.（1993）. *Cognitive-behavioral treatment of borderline personality disorder*. Guilford Press.（リネハン, M. M. 大野 裕（監訳）（2007）. 境界性パーソナリティ障害の弁証法的行動療法：DBT によるBPD の治療　誠信書房）

Maslow, A. H.（1943）. A theory of human motivation. *Psychological Review, 50*, 370-396.

Maslow, A. H.（1967）. A theory of meta-motivation: The biological rooting of the value-life. *Journal of Humanistic Psychology, 7*, 93-126.

Maslow, A. H.（1970）. *Motivation and personality*. Harper & Row.

Meichenbaum, D. H.（1985）. *Stress inoculation training*. Plenum.（メイケンバウム, D. H. 上里 一郎（監訳）（1989）. ストレス免疫訓練　岩崎学術出版社）

Minuchin, S.（1974）. *Families and family therapy*. Harvard University Press.（ミニューチン, S. 山根 常男（監訳）（1984）. 家族と家族療法　誠信書房）

中村 恵子（2022）. 別室登校法：学校と適応指導教室での不登校支援と集団社会化療法　ナカニシヤ出版

Napier, A. Y., & Whitaker, C.（1978）. *The family crucible*. Harper & Row.（ナピア, A. Y. 他 藤縄 昭（監修）　葵橋ファミリー・クリニック（訳）（1990）. ブライス家の人々——家族療法の記録　家政教育社）

根建 金男・豊川 輝（1991）. 自己教示の効果をめぐる研究　早稲田大学人間科学研究, *4*, 167-178.

大野 裕（2010）. 認知療法・認知行動療法治療者用マニュアルガイド　星和書店

パヴロフ, I. P.（1962）. パヴロフ選集上巻　ハ・エス・コシトヤンツ（編）東大ソヴェト医学研究会（訳）　合同出版

Persons, J. B., & Tompkins, M. A.（2022）. Cognitive-behavioral case formulation. In T. D. Eells（Ed.）, *Handbook of psychotherapy case formulation*（3rd ed., pp. 252-286）. Guilford.

Phyllis, G.（1986）. *Melanie Klein: Her world and her work*. Alfred A. Knopf.

Rachman, S.（1977）. The conditioning theory of fear acquisition: A critical examina-tion. Behaviour Research and Therapy, 15, 375-387.

Rogers, C. R.（1942）. *Counseling and psychotherapy: Newer concepts in practice*. Houghton Mifflin.

Rogers, C. R.（1951）. *Client-centered therapy: Its current practice, implications, and theory*. Houghton Mifflin.

Rogers, C. R.（1970）. *On encounter groups*. Harrow Books.（ロジャーズ, C. R. 畠瀬 稔・畠瀬 直子（訳）（1982）. エンカウンター・グループ——人間信頼の原点を求めて 創元社）

Ross, A .O.（1987）. *Child behavior therapy: Principles, procedures, and empirical basis*. Krieger Publishing Company.

Segal, H.（1973）. *Introduction to the work of Melanie Klein*. Chatto & Windus.（スィーガル, H. 岩崎 徹也（訳）（1977）. メラニー・クライン入門 岩崎学術出版社）

Seligman, M. E. P., & Maier, S. F.（1967）. Failure to escape traumatic shock. *Journal of Experimental Psychology, 74*, 1-9.

Seligman, M. E. P.（1975）. *Helplessness: On depression, development, and death*. W. H. Freeman.

Seligman, M. E. P., Steen, T. A., Park, N., & Peterson, C.（2005）. Positive psychology progress: Empirical validation of interventions. *American Psychologist, 60*, 410-421.

Seligman, M. E. P.（2012）. *Flourish: A visionary new understanding of happiness and well-being*. Simon & Schuster.（セリグマン, M. E. P. 宇野カオリ（監訳）（2014）. ポジティブ心理学の挑戦：〝幸福〟から〝持続的幸福〟へ ディスカバー・トゥエンティワン）

Skinner, B. F.（1938）. *The behavior of organisms*. Appleton-Century-Crofts.

Skinner, B. F.（1953）. *Science and human behavior*. Macmillan.（スキナー, B. F. 河合 伊六他（訳）（2003）. 科学と人間行動 二瓶社）

Skinner, B. F.（1968）. *The technology of teaching*. Appleton-Century-Crofts.

Spitz, R.（1945）. Hospitalism: An inquiry into the genesis of psychiatric conditions in early childhood. *Psychoanalytic Study of the Child, 1*, 53-74.

田上 不二夫（1983）. 拮抗動作法による動物恐怖症の治療 相談学研究, 15, 59-65.

田上 不二夫（1984）. 拮抗動作法による恐怖制止効果の実験臨床心理学的研究 筑波大学博士論文

田上 不二夫（2003）. 対人関係ゲームによる仲間づくり——学級担任にできるカウンセリング 金子書房

Thorndike, E.（1898）. Some experiments on animal intelligence. *Science, 7*, 818-824.

Thorndike, E.（1911）. *Animal intelligence: Experimental studies*. Macmillan.

Thorndike, E.（1931）. *Human learning*. The Century.

Thornton, S. P.（2001）. Sigmund Freud. Internet encyclopedia of philosophy: A peer-reviewed academic resource. Retrieved from〈https://iep.utm.edu/freud/〉（検索日：2021. 6. 22）

Wallinga, J. V.（1959）. Separation anxiety: School phobia. Journal-Lancet, 79, 258-260.

Watson, J. B.（1913）. Psychology as the behaviorist views it. *Psychological Review, 20*, 158-177.

Watson, J. B., & Rayner, R.（1920）. Conditioned emotional reactions. *Journal of Experimental Psychology, 3*, 1-14.

Williams, C., & Garland, A.（2018）. A cognitive-behavioural therapy assessment model for use in everyday clinical practice. Published online by Cambridge University Press. And published 2002 in Advances in *Psychiatric Treatment, 8*, 172-179.

Wolpe, J.（1954）. Reciprocal inhibition as the main basis of psychotherapeutic effects. *Archives of Neurology and Psychiatry, 72*, 205-226.

Wolpe, J.（1958）. *Psychotherapy by reciprocal inhibition*. Stanford University Press.

Wolpe, J.（1969）. *The practice of behavior therapy*. Pergamon Press.（ウォルピ, J. 内山 喜久雄（監訳）（1971）. 行動療法の実際 黎明書房）

Wong, P. T. P.（1997）. Meaning-centered counselling: A cognitive-behavioral approach to logotherapy? *The International Forum for Logotherapy, 20*, 85-94.

Young, J. E., Klosko, J. S., & Weishaar, M. E.（2003）. *Schema therapy: A practitioner's guide*. Guilford.

索　　引

事項索引（［　］は当該語の載る文脈を，⇒は当該語と対になる語を示す）

あ行

愛着　4-6, 28, 33, 36, 98
愛着理論　5-6, 28
アイデンティティ　6-7, 29, 33, 64
悪循環のメカニズム　36, 99
アセスメント　22, 26, 32-33, 36-37, 46, 58, 63, 68, 99
アバター　70, 74
維持因子［問題の構造］　35-36, 58, 68
エクスポージャー　14-16, 20, 27, 36, 77-79
エビデンス　23, 25, 34, 64-65, 97
エンカウンター　8
エンパワメント　25, 57, 83-84, 98-99
オペラント学習　16-17
オペレーション　17, 29, 46, 87, 89
おまじない法　76-, 83-84, 87, 90-92, 97-99

か行

外在化　24, 75, 83-84, 98
快刺激　5, 15, 38-40, 43-44, 78-79, 87, 91, 98
概念化　34-35, 99
カウンセリング　1, 7-8, 22, 25-26, 29-31, 62, 79-80, 84-87, 90, 99
学習曲線　13
学習行動　12, 16, 27, 97
学習性無力感　21
学習理論　5, 14-17, 28-29
課題分析　47-48, 50-51, 53, 55, 57, 60-62
価値観の歪み　33, 64, 74
完璧主義スキーマ　34, 36, 64, 69
拮抗制止　15, 19, 23, 36, 75-79, 81-83, 88, 98-99
機能分析　22, 32, 35-36, 43-44, 46, 58, 68
強化　16-17, 21, 27, 32-33, 38-48, 69, 73, 85, 91
──刺激（強化子）　16, 44, 47
境界知能　97
共同体感覚　2
協働的経験主義　34, 63, 99
グループ・ソーシャライゼーション・セオリー　27-28
系統的脱感作　16, 36, 78-79
ケースフォーミュレーション　32, 36-37, 58-59, 69
ゲーム化　39, 43, 75, 77, 79, 81, 98

（中央列）

ゲシュタルト心理学　14
結果予知［自己効力感］　20
欠落・恥スキーマ　33
現実検討　19-20, 30, 80-81, 83, 97-99
効果の法則　12-13, 16
高所恐怖　76, 78
行動形成技法　16-17, 30
行動主義心理学　9, 12-13, 21-22, 38
行動主義宣言　12-13, 16
行動スケジュール　17, 26, 47-48, 50-57, 59-62
行動生物学　5
行動段階［カウンセリングのプロセス］　29-30
行動動機　12-13, 16-17, 20, 49, 62
行動リハーサル　30
行動療法　14, 16, 18-19, 22, 24, 32, 34, 36, 39, 45, 73, 76, 78
合理的配慮　45-46, 63
効力予知［自己効力感］　20
誤学習　25, 33, 39, 44, 85, 87
孤立スキーマ　33

さ行

サイレント・マジョリティー　39, 43
サポート要請　70, 72, 74-75
三項随伴性　16-17, 32
シェイピング　17, 25-27, 30, 36, 47, 59, 62
支援方針　35-37, 59, 69, 99
自我強度　83
自我心理学　5, 7
刺激統制法　73
刺激の操作　13, 16-17, 20, 22, 38-39
試行錯誤　13-14, 16
思考停止法　36, 83
思考妨害　91, 98
自己開示　49, 55, 63, 68
自己犠牲スキーマ　34, 64
自己教示　36, 82-84, 99
自己効力感　16, 20, 34, 55, 63, 79, 98-99
自己敗北的な感情　33
自己分析　2
思春期　2, 6
実存主義的療法　11
疾病利得　2-3, 86-87, 91
質問技法　32, 34
自動思考　19-20, 22, 30, 33-34, 62-64, 73, 80-81, 83-84, 88, 91, 97-99

（右列）

社会的（環境）要因［問題の構造］　35
社会的学習　20
弱化　16, 21, 38-40, 42
弱化刺激（弱化子）　16, 39, 44
習慣逆転法　36, 73
集団社会化療法　29, 74, 91
集団の魅力度　28
授業崩壊　33, 79
受験不安　92-93, 95-96
主張形成法　74
馴化　15
消去　16, 33, 38, 40, 45-46, 78
条件反射　89
神経症　1-2, 9, 15, 22, 26, 29
身体運動反応　15-16, 75, 77-79, 98
心理的外傷　1, 4-5
心理的要因［問題の構造］　35
睡眠時遊行症　84-87, 91
推論の誤り　19-20, 22, 33-36, 59, 69
スーパービジョン　4
スキーマ　19, 33-35, 64-65, 69-70, 75, 81, 97
スキーマ分析　20, 22, 33-36, 58, 64, 69
精神分析　1-5, 7-8, 10, 13, 15-16, 18-19, 23, 25, 30
精神分析医　3-4, 6
生物学的要因［問題の構造］　35
生物心理社会モデル　34-35, 63
先行刺激　16, 32, 36, 43-44, 46, 80
戦争神経症　2, 14-15
素因因子［問題の構造］　35-36, 58, 68
ソーシャルスキル・トレーニング　21, 29

た行

対象関係論　4
代替行動　40, 42, 44-45, 69, 73
多次元アプローチ［認知行動療法］　24, 26-27, 100
達成経験　20, 98
探求段階［カウンセリングのプロセス］　29-31
動機づけ強化法　73
洞察学習　14
洞察段階［カウンセリングのプロセス］　29-30
どうしようもないスキーマ　34, 64, 81
動物恐怖　77-78
トーキング・キュア　1-2, 8

独占スキーマ　34

な行

人間性心理学　7, 9, 11, 22
認知革命　12, 20, 22
認知行動療法　11-12, 18-19, 22-25, 27, 30, 32, 34, 36-37, 46, 64, 73, 75, 85, 99
認知再構成法　19-20, 22, 30, 36, 64-65, 69, 73-75, 83, 97-98
認知療法　18-20, 22, 34, 36, 63, 73, 83

は行

敗北感　62-63
罰刺激　16-17, 39-40, 73
罰刺激法　73
罰スキーマ　34, 64
発達課題　5, 7
発達障害　25-26, 36, 43-46, 63
発達段階　6-7
抜毛症　65-66, 73, 75
PTSD（心的外傷後ストレス障害）　14, 16, 50, 79
BPS フォーミュレーション　35-36, 58, 68
悲観スキーマ　34

ひきこもり　50, 58-59, 63
評価懸念　34
不安階層表　15-16, 25, 78
不快刺激　21, 32, 38-40, 43, 87, 91, 98
不信スキーマ　33
不適応行動　18, 24, 32-34, 39-40, 64, 98
不登校　3-5, 25-27, 32, 45-46, 50, 53, 58-59, 63, 79, 87, 92-93, 96-97
プラシーボ　84, 87-88
フラッシュバック　79-84
プレイセラピー　3-4, 25, 77
分化強化　36, 38, 40, 42, 44, 46
分離不安　5, 7, 25-26
ペナルティー　86-87, 89-91
ヘルピングプロセス　29
弁証法的行動療法（DBT）　23-24
報酬　16-17, 21, 30, 38, 43-45, 48, 79
保護因子［問題の構造］　35-36, 58, 68
ポジティブ心理学　11, 21-22
母性剥奪論　4

ま行

マイクロ・カウンセリング　29
マインドフルネス　23-24, 36, 73

マザリング　4, 6
マジックスペル　83, 95-96, 98-99
マルチプル・アプローチ　27
見捨てられスキーマ　33, 64
無能・敗北スキーマ　33-34, 64, 97-98
目標行動　17, 47-48, 59
モデリング　20, 30, 36, 82-84, 99
モラトリアム　7
問題解決技法　31

や・ら行

有能感　33-34, 64, 98
誘発因子［問題の構造］　35-36, 58, 68
欲求階層論　9, 33

来談者中心療法　7-9, 25, 29-30
リハーサル　21, 30, 72, 75
リフレイミング　21-22, 30, 36, 50, 62-63, 65, 83-84, 98
リラクセーション　15-16, 27, 36, 78
ロゴセラピー　10-11
論駁　18
論理療法　18, 20, 22, 36

人名・団体名索引

Alberto, P. A.　32-33
Amen,　44
Batthyany, A.　11
Beck, J. S.　64
Campbell, W. H.　35-36, 58
Carey, B.　23
Christenson, G. A.　73
Clark, D. M.　22
Cockx, A.　37
Corry, S.　37
Cristea, L.　22
David, D.　22
Davidson, S.　25
Falloon, L. H. R.　21
Ferster, C. B.　17
Garland, A.　36
Harpin, E.　21
Hofmann, S. G.　22
Kelly, E. W.　25
Keuthen, N. J.　73
King, N. J.　25
Klosko, J. S.　33, 64
Leahy, R.　64
Liberman, R. P.　21
Lillie, F.　21
Minuchin, S.　25
Napier, A. Y.　25
Persons, J. B.　37
Phyllis, G.　4
Rachman, S.　22

Rohrbaugh, R. M.　35-36, 58
Ross, A. O.　25
Russo-Netzer, P.　11
Stein, D. J.　73
Tompkins, M. A.　37
Townend, M.　37
Troutman, A. C.　32-33
Wallinga, J. V.　5
Weishaar, M. E.　33, 64
Williams, C.　36
Young, J. E.　33, 64

アイヴィ（Ivey, A. E.）　29
アクスライン（Axline, V. M.）　25
アドラー（Adler, A.）　2-3, 10
アメリカ心理学会（APA）　8, 12-14, 28, 73
ヴィゴツキー（Vygotsky, L. S.）　99
ウォルピ（Wolpe, J.）　14-16, 18, 20, 78, 98
ウォング（Wong, P. T. P.）　11
エリクソン（Erikson, E. H.）　5-7, 28
エリス（Ellis, A.）　18-19, 22
大野　裕　64

カーカフ（Carkhuff, R. R.）　29
カーニー（Kearney, C. A.）　26-27
クライン（Klein, M.）　3-4, 25
クレペリン（Kraepelin, E.）　1
ケーラー（Köhler, W.）　14, 16, 22

シャルコー（Charcot, J.-M.）　1
ジョンソン（Johnson, A. M.）　5
スキナー（Skinner, B. F.）　16-18, 28, 32, 47
スピッツ（Spitz, R.）　4
セリグマン（Seligman, M. E. P.）　11, 21-22
世界保健機関（WHO）　4-5
ソーンダイク（Thorndike, E. L.）　12-14, 16-17
田上不二夫　29, 76-79, 81, 83, 98-99
チョムスキー（Chomsky, A. N.）　22
豊川　輝　99

中村恵子　29, 81-82, 91
根建金男　99

ハーロウ（Harlow, H. F.）　5, 14
バーンスタイン（Bernstein, G. A.）　26
パヴロフ（Pavlov, I. P.）　12-13, 16, 38
ハリス（Harris, J. R.）　27-29, 74
ハル（Hull, C. L.）　16
春山茂雄　64
バンデューラ（Bandura, A.）　20-21, 98-99
ヒル（Hill, C. E.）　29, 31
フランクル（Frankl, V.）　10-11
フロイト，アンナ（Freud, A.）　4, 6

フロイト，ジークムント (Freud, S.)
　　1-4, 6, 8-10, 15, 18-19, 22
ベック (Beck, A.)　　19, 21-22, 33-34, 64,
　　98
ボウルビィ (Bowlby, J.)　　4-7, 28

マズロー (Maslow, A. H.)　　9-11, 33
メイケンバウム (Meichenbaum, D. H.)
　　99
文部科学省　　46

リネハン (Linehan, M. M.)　　23

ローレンツ (Lorentz, K.)　　5
ロジャーズ (Rogers. C. R.)　　7-9, 18, 25
ワトソン (Watson, J. B.)　　13, 16, 22,
　　47

著者紹介

中村恵子（なかむら けいこ）

東北福祉大学総合福祉学部福祉心理学科准教授
筑波大学大学院人間総合科学研究科生涯発達科学専攻博士課程修了
博士（カウンセリング科学）

主著に
実践 グループカウンセリング−子どもが育ちあう学級づくり（田上不
二夫（編） 金子書房 2010）
生涯発達の中のカウンセリング−子どもと学校を援助するカウンセリ
ング第2巻（石隈利紀・藤生英行・田中輝美（編）サイエンス社 2013）
学校カウンセリング［第3版］−問題解決のための校内支援体制とフォー
ミュレーション（田上不二夫（監修）中村恵子（編） ナカニシヤ出版
2021）
シリーズ●学校心理学プラクティス① 別室登校法−学校と適応指導
教室での不登校支援と集団社会化療法 ナカニシヤ出版 2022

シリーズ●学校心理学プラクティス②

認知行動療法のストラテジー
行動修正法・行動形成法・認知再構成法・おまじない法

2023 年 7 月 20 日 初版第 1 刷発行 （定価はカヴァーに
表示してあります）

著 者 中村恵子
発行者 中西 良
発行所 株式会社ナカニシヤ出版
〒606-8161 京都市左京区一乗寺木ノ本町 15 番地
Telephone 075-723-0111
Facsimile 075-723-0095
Website http://www.nakanishiya.co.jp/
E-mail iihon-ippai@nakanishiya.co.jp
郵便振替 01030-0-13128

イラスト＝中村燿子／装幀＝白沢 正／印刷・製本＝ファインワークス
Copyright © 2023 by Keiko NAKAMURA
Printed in Japan.
ISBN978-4-7795-1748-8 C3011